교회학교를 닫아야 교회가 산다

교회와 예배의 본질을 회복하는
세대통합예배

교회학교를 닫아야 교회가 산다

교회와 예배의 본질을 회복하는 세대통합예배

초판 1쇄 발행 2025년 10월 24일
지은이 주 훈
펴낸이 홍원규
꾸민이 너의오월(표지/내지)
펴낸곳 너의오월
주소 경기도 김포시 풍무로 69번길 51, 302동 1302호
출판등록 2011년 12월 8일 제25100-2011-340호
전화 070-7393-2393
팩스 02-6280-2894
이메일 homy@wonkyu.pe.kr
가격 책값은 뒤표지에 있습니다.

ISBN 979-11-85467-26-9 03230

* 잘못 만들어진 책은 구입하신 서점에서 교환해 드립니다.

교회학교를 닫아야 교회가 산다

교회와 예배의 본질을 회복하는 세대통합예배

"머리가 아닌 몸으로, 체험으로 하나님을 알게 하라!"

| **주훈** 지음 |

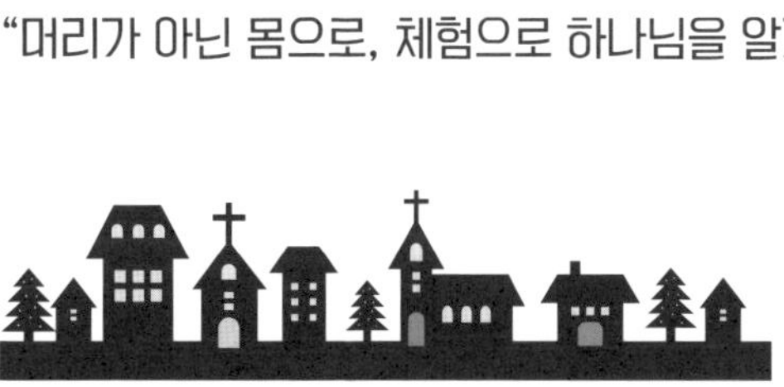

너의오월

차례

Intro
들어가며
세대통합예배에 대한 제안

오늘날 교회에서 흔히들 교회학교가 교회의 미래라고 말하며, 다음세대의 숫자가 줄어드는 것을 염려하는 목소리가 커지고 있다. 한국교회가 최전성기를 누렸다고 할 수 있는 21세기 초반만 해도 교단별로 많은 신학생들이 교회의 교육부서 담당교역자를 맡을 수 있었다. 이제는 세분화했던 부서들을 통합하거나, 담당할 부교역자를 구하지 못해 운영에 어려움을 겪는 현장의 고충이 들려온다. 어린이, 청소년과 청년의 급격한 감소, 세대 간의 단절, 공동체성의 약화 등 제기되는 여러 가지 문제들을 교회학교의 위기, 혹은 교회의 위기라고 부르기 전에 먼저 진지하게 물어야 한다. 그간 분리예배와 연령별 맞춤형 교육을 '다음 세대 목회'의 주요한 전략 받아들여왔던 것이 과연 성경적인 가르침이었는가, 아니면 인간의 학문을 우선시하고 교회의 편의와 효율을 위한 인간중심적 제도였는가? 과연 교회학교가 교회의 미래를 살리고 있는가? 아니면 오히려 교회의 현재와 미래를 병들게 하고 있지는 않았는가?

본서의 제안은 신앙은 학습(learning)이 아니라 습득(acquisition)이며, 분리예배와 맞춤형 예배는 교회의 본질을 훼손한다는 전제에서 출발한다. 따라서 교회'학교'를 폐지하고, 모든 세대가 함께 예배하는 세대통합예배를 대안으로 제시한다.

예배가 공동체의 신앙고백이라는 전제하에서 교회구조와 교회론의 변화없이 방법론적으로 시도되는 세대통합예배는 성공할 수 없다. 예배의 틀을 바꾼다는 것은 단기간에 이루어지기 쉽지 않으며, 조직신학적, 예배학적, 기독교육적 고려가 함께 이루어져야 한다. 저자는 학부에서는 기독교교육학을 전공했고, 목회학 박사과정에서 선교적교회(Missional Church)를 전공했으며, '세대통합예배를 통한 공동체 의식 변화 연구'를 주제로 쓴 학위논문을 책으로 발간하게 되었다.

① 신앙은 학습이 아니라 습득이다

: 머리가 아닌 몸으로, 체험으로 하나님을 알게 하라!

성경은 신앙을 단순한 지식의 축적이나 교리의 이해로 환원하지 않는다. 신앙은 전인적인 삶 속에서 공동체를 통해 전수되고, 몸으로 배우며, 예배 가운데 습득된다. 어린이가 믿음을 배우는 방식은 교과서식 수업이 아니라 부모와 장로, 성도들의 모습을 보며 자연스럽게 '본받는 것'이다. 그러나 교회학교는 아이들을 분리시켜 '어린이 맞춤형 학습'을 시도함으로써 신앙을 지식 교육으로 축소시키고 있다. 이로 인해 아이들은 신앙을 삶으로 습득하기보다 단편적인 정보로만 소비하게 된다. 특별히 본서에서는 기독교교육학자 존 웨스터 호프3세의 주장을 상세하게 설명하며, 기독교교육적 측면에서 왜 세대통합예배가 더 교육적인가에 대해 기술할 것이다. 아울러 현재 세계 기독교교육의 최신 흐름에 대해서도 언급할 것이다.

신명기 6장은 부모가 자녀에게 말씀을 가르치는 방식을 삶의 자리에서의 반복적 훈련으로 묘사한다. 이는 교실에서 지식을 전달하는 방식이 아니라, 일상 속에서 신앙을 몸으로 습득하게 하는 과정이다. 제임스 K. A. 스미스(James K. A. Smith)는 인간을 "호모 리투르기쿠스(homo liturgicus)"라 규정하며, 신앙은 궁극적으로 반복된 예전(ritual)을 통해 형성된다고 주장한다.

근대 교육학적 모델을 차용한 교회학교는 신앙을 인지적 정보로 축소시켰다. 토마스 그룸(Thomas H. Groome)이 지적하듯, 기독교교육은 단순한 지식 주입이 아니라 삶의 이야기와 공동체적 실천을 통한 'shared praxis'여야 한다. 그러나 교회학교는 오히려 가정과 공동체의 신앙 교육 기능을 약화시키며, 자녀 신앙 교육을 전문사역자나 프로그램에 위탁하게 만들었다.

② 분리예배는 공동체를 파괴한다

: 페리코레시스적, 삼위일체적 예배를 지향해야 한다

사도 바울은 교회를 "그리스도의 몸"이라 부르며(고전 12:12-27), 다양한 지체가 하나로 연합하는 것이 교회의 본질임을 강조한다. 초대교회는 모든 세대가 함께 모여 떡을 떼고 기도하는 공동체였다(행 2:42-47). 초대교회는 연령과 계층을 구분하지 않고 함께 모여 "하나의 몸"(엡 4:4)으로 예배드렸다. 어린아이의 울음, 청년의 열정, 장년의 경험, 노년의 지혜가 어우러지는 것이 교회의 아름다움이다. 그러나 분리예배는 이 유기적 질서를 깨뜨린다. 아이들은 어른 예배의 엄숙함과 경건을 경험하지 못하고, 어른들은 아이들을 교회의 '현재 세대'가 아닌 '미래 세대'로만 여긴다. 결국 세대 간 단절이 심화되고, 공동체는 제 스스로의 힘을 상실한다.

분리예배는 아이들이 성인의 예배를 경험하지 못하게 하여, 신앙의 전수를 단절시킨다. 결과적으로 교회는 유기적 공동체가 아니라, 연령별 소집단들의 연합체로 변질된다. 12년의 교회학교를 마친 후 교회학교를 떠나 성인예배에 참석하게 될 때 정착율이 떨어지는 이유이며, 진학이나 취업을 위하여 모교회를 떠나는 경우 그

비율은 훨씬 더 증가한다.

삼위일체 하나님의 거룩한 춤 – 페리코레시스로 초대받은 인간이 하나님과 합일되는 놀라운 시간이 바로 예배이다. 교육 혹은 프로그램이 아니라, 순수한 하나님과의 만남과 체험의 시간을 위하여 세대통합예배를 드려야 한다. 어른들은 가장 거룩한 경배의 모습을 보여줘야 하기 때문에, 더 신실하게 예배에 집중하고 먼저 은혜를 누리는 예배자가 되어야 한다. 이것이 세대통합예배가 어른과 어린이, 모든 세대가 서로 영향을 끼치며 함께 은혜의 자리로 나갈 수 있도록 만드는 길이다.

③ 맞춤형 예배는 예배의 본질을 훼손한다

: 만인사제주의적인 거룩한 예배의 회복을 지향한다

오늘날 교회는 다양한 연령과 취향을 고려하여 '예배자 맞춤형 예배'를 만들려 한다. 그러나 예배는 교회를 찾은 인간이 제공받는 영적 서비스가 아니라 하나님께 드리는 거룩한 봉헌이다. 우리가 하나님 앞에 나아갈 때, 예배의 기준은 우리의 만족이나 편의가 아니라 하나님의 영광이어야 한다. 맞춤형 예배는 결국 예배를 하나님 중심에서 인간 중심으로 전락시킨다.

로버트 웨버(Robert E. Webber)는 현대 교회의 위기를 "예배의 소비자주의적 변질"에서 찾으며, 예배가 다시금 하나님 중심으로 회복되어야 한다고 강조한다. 연령별 맞춤형 예배는 결과적으로 예배를 상품화한다. 이는 교회가 영적 공동체라기보다, 고객 맞춤 서비스를 제공하는 소비 집단으로 전락하게 만든다. 신앙은 소비가 아니라 헌신이며, 예배는 공급이 아니라 드림이다.

성경에서 말하는 거룩하신 하나님 앞에 경외감에 사로잡혀 엎드리는 히브리어 '샤카'(신 26:10)와 헬라어 '프로스 퀴네오'(요 4:24)의 예배를 과연 다음세대에게 교육하고 있는지에 대해서, 그리고 현대 교회의 예배가 과연 성경적 예배를 드리고 있는지에 대한 부분도 살펴보자.

또한 크리스텐돔(국가 교회)의 시대를 지나 포스트 크리스텐돔의 시대에서도 교회는 전근대적인 수직적, 권위적, 계급적 구조와 예배를 드리고 있다는 현실을 직면해야 한다. 16세기 종교개혁자들의 만인사제주의는 사라지고, 개혁의 대상이었던 성직자 중심주의적 예배, 수직적이고 권위적인 교회구조가 젊은 세대들을 떠나게 한다는 지적 앞에서 교회는 겸허히 스스로를 살펴야 한다.

> "그러나 너희는 택하신 족속이요 왕 같은 제사장들이요 거룩한 나라요 그의 소유가 된 백성이니 이는 너희를 어두운 데서 불러 내어 그의 기이한 빛에 들어가게 하신 이의 아름다운 덕을 선포하게 하려 하심이라"
>
> – *베드로전서 2:9*

제사장으로 부름받은 예배자들이 그저 쇼를 보듯 잘 연출된 예배의 관객으로 전락하여 어느 교회의 예배가, 설교가 더 은혜로운가, 감동적인가, 만족을 주는가를 쇼핑하듯 소비자의 자리에 서게 될 때, 그 예배는 더 이상 예배가 아닌 쇼핑몰의 상품에 불과하다. 그리고 그런 교회는 공동체로 부르신 하나님의 뜻을 저버리는 개인주의적 신앙인들로 가득차게 될 것이다.

현대 교회의 문제점으로 대두된 개인주의와 소비주의에 대해서는 용어 설명을 참조해주시기를 바란다.

④ 교회학교를 닫을 때, 교회가 산다

: 교회와 예배의 본질을 회복하는 세대통합예배로의 전환

교회학교를 닫자는 말은 교육을 포기하자는 말이 아니다. 오히려 교육을 제자리에 돌려놓자는 외침이다. 신앙은 교실이 아니라 가정과 예배 공동체 속에서 전수되어야 한다. 아이들은 부모와 함께 예배당에 앉아 어른들이 드리는 경건을 보고 배우며, 성도들의 사랑 속에서 하나님의 백성 됨을 체험해야 한다. 참된 한몸공동체의 회복이 있을 때 참된 공동체의 신앙고백인 예배가 드려질 것이다.

따라서 교회학교라는 '분리 시스템'을 과감히 철폐하고, 모든 세대가 함께 예배하는 자리로 돌아가야 한다. 그때 예배는 '함께 하나님 앞에 서는 공동체의 고백'이라는 본질을 찾게 될 것이다. 교회

는 다음 세대의 문제를 교회학교에 위탁하는 대신, 공동체 전체가 다음 세대를 품고 책임질 때 비로소 머리되신 그리스도를 따르는 한몸된 지체인 교회 공동체로 회복될 것이다.

세대통합예배를 통하여 어른이나 아이들, 부모와 자녀 세대가 같은 메신저로 전해지는 같은 메시지를 듣고, 같은 공간에서 예배하고 말씀에 대한 동일한 관점과 신앙의 도전으로 한 주간을 살아가며 한몸 공동체를 회복해 나가기를 기대한다. 부모와 자녀가 세상 속에서 살면서 동일한 시간을 통해 영적인 공감대를 형성할 수 있다는 장점은, 현대의 가정 문제로 언급되는 가족 간의 대화 단절을 극복할 수 있도록 돕게 된다. 세대통합예배는 교회의 다음세대들로 하여금 메시지에 반응하는 그들의 이야기를 경청할 수 있게 만들고, 그들로 하여금 능동적 예배자로서 예배 속에 맡겨진 그들의 자리를 지키며 교회 공동체에 남도록 할 것이다.

용어설명 세대통합예배(Intergenerational Worship)

세대통합예배에 대한 명칭은 처음에는 '간(間)세대예배'라는 명칭으로 사용되었다가 점차 세대통합예배로 바뀌게 된다. 사실 둘 다 영어로는 'Intergenerational Worship'으로 표기하기 때문에 둘 사이의 큰 차이는 느끼지 못한다. 하지만 전자의 경우 세대 간의 단절로 인한 신앙 교류와 경험의 공유를 통한 세대 간의 분리 극복에 강조를 두고 새로운 시도를 하는 단계에서 나온 용어라면, 후자의 경우는 단순한 세대 간의 교류 차원을 넘어 본격적으로 세대의 통합과 세대 간에 영향을 주고 받으며 성장하고 목적을 이루어가며 신앙공동체의 형성과 확립에 방점을 두는 것이 아닌가 판단한다.

이에 대해 장신대 유재원 교수는 세대통합예배에서의 '세대'는 단순히 유년기, 청소년기, 청년기, 중년기, 노년기 등 각각의 세대를 합친 세대를 의미하는 것이 아니라고 강조한다. 오히려 세대통합예배에서 말하는 '세대'는 성경적 근거를 가진 조부모-부모-자녀로 이어지는 3대의 '세대'를 의미한다고 본다. 이로 인해, 근래에는 간세대예배라는 용어보다는 세대통합예배라는 용어로 통일되어 사용되는 경향이 있다. 세대통합예배란 단순히 다양한 세대가 섞여 있다는 것이 아니라 세대 간에(inter) 서로 영향을 주고, 관계를 맺는다는 의미가 크다.

'혼합 예배'라는 용어와 '세대통합예배'라는 용어가 구분되는데, 혼합 예배는 'Blended Worship'으로 사용되는 고전적 예배와 현대적 예배의 통합을 통한 오늘날 변화하는 예배의 한 흐름을 말하는 반면, 세대통합예배는 'Intergenerational Worship'으로 어른들의 예배에 아이들이 섞여서 예배드리는 것이 아니고 각각의 세대가 다른 세대에게 주체적이고 적극적으로 영향을 주는 예배라는 말이다.

용어설명 문화화와 종교적 사회화

미국의 기독교교육학자 존 웨스터호프 3세는 기독교 공동체에서 신앙에 이르는 과정을 '문화화'(enculturation)라고 부른다. 문화화란 단순히 환경과 경험, 타인의 행동이 사람들에게 영향을 미친다는 의미에서만 사용되지 않는다고 강조한다. 그대신 문화화란 "모든 연령 간 상호작용 과정을 강조한 것"이다. "사람들이 자기 생각과 삶의 방식을 전달하고 습득하며 유지하거나 바꾸고자 행동하는 쌍방향적 경험과 환경에 초점을 맞춘다. 문화화에서는 한 사람을 적극적 행위자로, 다른 사람은 수동적 수혜자로 이해하지 않고, 두 개인을 모두 적극적 행위자이자 주도자, 반응자로 이해한다. 기독교 교육의 수단은 신앙 공동체에서 연령대의 제약 없이 이렇게 상호 작용하는 경험의 성격과 특성, 본질로 서술할 때 가장 잘 표현할 수 있다." 사회학적 용어로 이 과정은 '종교적 사회화'(religious socialization)라고 부른다.

웨스터호프는 종교적 사회화를 "개인이 자기 신앙(세계관, 가치 체계)과 생활 방식을 유지하고 전달하는 일생의 형식적, 비형식적인 메커니즘으로 구성된 과정"으로 규정하고 "이것은 의식과 제의, 신화와 상징, 신앙의 표현과 태도, 가치, 조직화된 방식과 활동으로 전통을 계승하는 공동체 생활에 참여할 때 이루어진다"라고 말한다. 웨스터호프는 모든 연령대 사람이 함께 참여하는 공동 예배의 전통을 회복하자고 호소했다. 기독교 교육 프로그램의 학습 방식의 본질에 의문을 제기하면서, 상호 교류하는 방식으로 전 신자가 함께 만날 다른 방식을 찾아보자고 격려하고 권고한 것이다. 본서가 교회학교의 분리예배 대신 대안으로 제시하는 세대통합예배의 모델이 웨스터호프가 주장했던 예배이다.

용어설명 개인주의와 소비주의

본서에서 언급하는 개인주의(individualism)는 세대통합예배학자들이 지적하는 세대분리를 불러온 베이비부머 세대들이 주도한 신앙의 형태로서, 공동체적 신앙과 반대의 의미로 사용되었다. 성경의 이스라엘 민족으로 대표되는 구원의 공동체적 차원을 축소한 개인주의적 구원관으로까지 확대되었으며, 그로 인해 '제자도'와 같은 삶에서의 신앙적 실천을 약화시켰다.

개인주의는 소비주의(consumerism)와 결합하여 대형교회를 위주로 하는 교회쇼핑 붐을 불러왔다. 본서의 소비주의는 20세기에 들어 대량생산이 과잉생산으로 이어져 상품의 공급이 소비자의 수요를 초과하며 비롯된 경쟁촉발 상황을 교회에 적용한 것이다. 교회가 소비자인 교인이 필요로 하는 종교서비스를 만족스럽게 제공해야 선택받고 더 많은 소비자가 몰림으로써 성장할 수 있다는 '교회성장학'이 나오고, 만족스럽지 못할 때 언제든지 교회를 떠날 수 있는 소비자 중심 문화가 형성되면서 교회 공동체의식은 더 악화되었다.

중소형교회들은 대형교회 위주의 개인주의와 소비주의가 결합된 소비적 신앙문화에 대해 경쟁력을 갖추지 못하고 제대로 대처하지 못했다. 세대분리 예배 역시 개인주의와 소비주의의 결합으로 나타난 교회에 대한 소비주의적 행태일 뿐이며, 이로 인해 개인주의적 신앙은 더 강화되어 왔다.

용어설명 페리코레시스와 케노시스

페리코레시스(perichoresis)는 삼위일체 교리에서 하나님을 설명하는 중요한 핵심용어로서 삼위 하나님의 관계를 설명하고 있다. 성부 하나님 안에 성자 예수님과 성령 하나님께서 인격체로서 내주해 계신다는 의미이며, 본래 니사의 그레고리가 예수의 인성을 부인한 아리우스파의 주장에 맞서, 성부 하나님과 성자 하나님의 상호 침투를 설명하기 위해 사용한 말이다.

페리코레시스 비유는 4세기 갑바도기아 교부들이 처음으로 제시했고, 8세기에 다마스쿠스의 요한이 좀 더 광범위하게 다루었던 이 개념은 동서양 양쪽에서 통용될 수 있었고, 삼위일체의 관계들에 대해 말할 때나 혹은 삼신론(tritheism)과 종속론(subordinationism)에 맞서야 할 때도 기준으로 삼는 개념적 도구가 되었다고 한다. 페리코레시스는 그 안에서 인격들이 타자들과 관계를 맺으면서 각자의 정체성을 끌어내는 상호성의 관계를 묘사한다. 신학자들은 삼위일체의 위격들이 말 그대로 "자신들의 밖에 서서"(stand outside themselves) 신적인 상대들의 삶을 불러일으키면서 추는 희열에 넘치는 춤으로 묘사하며, 페리코레시스의 chorein은 '타자를 위한 공간을 만들다'라는 뜻으로 자기 비움 케노시스(kenosis)의 의미를 내포하고 있다고 말한다. '케노시스'는 빌립보서 2장 7절 이하의 하늘 보좌를 비우고 세상으로 성육신하신 성부 예수님의 자기 비움을 의미한다. 케노시스의 개념은 페리코레시스의 개념과 연결지어져 타자를 위한 공간을 창조하며 이루어지는 상호침투로 설명된다.

용어설명 **선교적 교회론**

'선교적 교회론(Missional Church)'은 인도에서 오랫동안 선교사역을 마치고 본국인 영국에 돌아온 '레슬리 뉴비긴'이 서구 기독교, 특히 영국의 상황이 선교지와 다름없음에 서구사회를 선교사의 시각으로 바라보며 제기한 물음들에서 시작되었고, 영국과 같은 상황에 처해있던 미국의 선교신학자들이 이어받아 더 발전되었다. 북미 지역 선교신학자들이 모여 만든 '복음과 우리 시대의 문화 네트워크'(Gospel and Our Culture Network, GOCN)를 중심으로 '선교적 교회론'에 대한 담론과 서적들이 출판되었다. 대럴 구더를 위시한 이들이 함께 출간한 Missional Church : A Vision for the Sending of the Church in North America(1998) 이후 '선교적 교회(론)'(Missional Church)라는 용어가 본격적으로 사용되기 시작했다. 선교적(missional)이란 특정한 사명을 가지고 '보냄을 받았다'라는 의미의 '미션'(선교)에 "-al"이라는 형용사형 접미사를 붙여 생긴 단어이다. 크리스토퍼 라이트는 일반적 의미의 선교가 아니라 성경적 의미로서의 선교는 하나님의 역사 안에서 하나님의 백성이 부르심과 명령에 따라서 온 피조물의 구속을 위해 일하시는 사역에 헌신적으로 참여하는 것이라고 정의한다.

'선교적 교회론'의 핵심은 선교의 주체가 하나님이시라는 '하나님의 선교'(Missio Dei)로서, 선교는 하나님의 본질적 사역이고, 교회의 선교는 '파송하고 후원하는 사역'이 아니라, 교회 그 자체가 복음과 함께 세상에 참여하고 세상을 변혁하기 위하여 세상으로 파송받은 '사도적 공동체'라는 것이다. 그렇기에 세상으로 보내진 교회는 하나님의 보내심을 받은 주님이 이 땅에 성육(incarnation)하셨듯이, 세상 속으로 들어가서 소통하며 영향을 끼치는 '성육신적 교회론'과 '메시아적 영성',

'사도적 리더십'을 가진 교회여야 하며 삼위일체의 하나님의 본성에서 이해할 수 있다. 선교적 교회학자 데이비드 보쉬(David J. Bosch)는 선교가 구원론이나 교회론이 아니라 삼위일체의 하나님 본성에서 이해할 수 있으며 하나님은 보내시는 하나님으로 하나님의 선교를 이해해야 한다고 주장한다. 성부 하나님은 아들을 보내셨고, 성부와 성자는 성령을 보내시는 것으로 이해되며, 또한 삼위 하나님이 교회를 선교 현장으로 보내시는 의미로 확대된다.

본서에서 세대통합예배를 이해가기 위해 선교적교회의 교회론을 강조하는 이유는 예배의 주체가 인간이 아니라 하나님이시며, 그렇기에 하나님 중심의 예배를 드리는 것이 예배의 진정한 의미이기 때문이다. 또한 선교적교회 교회론의 '성육신 신학'의 '자기비움'(케노시스)을 통해 기성세대의 자리를 다음세대에 내어주는 것이 그들을 주체적인 예배자로 세우는 일에 매우 중요하기 때문이다. 예배를 대하는 태도 역시 '나의 만족, 나의 취향'이 앞서지 않고, '하나님의 만족', '하나님의 기쁨'이 우선되어야 하기 때문이다. 세대통합예배는 하나님 중심의 예배를 지향하며, 결국 현대교회의 문제점으로 지적되어왔던 인간중심의 교회구조와 사역을 하나님 중심으로 전환시키는 계기가 될 것이다.

Chapter 1
신앙은 학습이 아니라 습득이다
공동체의 예배와 삶을 통한 신앙전수

존 웨스터호프 3세의 기독교교육론

1970년대에 미국의 기독교교육학자 존 웨스터호프 3세(John H. Westerhoff Ⅲ)는 세속화되어가는 미국교회와 그에 대응하지 못하는 교회공동체와 다음세대의 신앙교육이 제대로 이뤄지지 못하는 교회학교에 대한 문제점을 제기했다. 그의 주된 주장은 신앙의 세대단절에서 모든 문제가 출발했다는 것으로서, 학교모델의 교회학교 교육보다, 신앙공동체의 예배와 삶을 통한 신앙전수의 기독교교육으로의 패러다임 전환을 제기했다.

웨스터호프는 이 과정을 '문화화'나 '종교적 사회화'라고 불렀으며, 30년 동안 모든 연령대 사람이 함께 참여하는 공동 예배의 전통을 회복하자고 호소했다. 기독교 교육 프로그램의 학습 방식의 본질에 의문을 제기하면서, 상호 교류하는 방식으로 전 신자가 함께 만날 다른 방식을 찾아보자고 격려하고 권고한 것이다.

웨스터호프 3세가 제기한 문제점은 한 세대를 지난 2000년대부터 한국교회에도 같은 문제 제기를 불러왔다. 고신대 문화랑 교수는 교회학교와 공예배의 심각한 분리는 세대 간의 예배와 문화의 격차를 지속적으로 심화시킨 것이 그 원인이라고 지적한다. 그는 그의 글에서 자료를 인용하며 유치부에서부터 청년 대학부까지 자녀들의 정착률을 조사하면 자료마다 조금씩 차이가 있지만 5% 정도의 교회학교 학생만이 남는다고 주장한다. 100명 중 5명만 한국 교회에 남아서 가정을 이루고 신앙생활을 한다고 생각할 때 어두운 한국교회의 미래와 더불어 한국교회 교회학교 교육은 잘못됐다고 확신하게 되었다는 것이다. 교회학교를 비롯한 세대 간의 예배분리는 곧 신앙생활과 가정생활의 단절로 이어졌으며, 신앙전수의 문제만이 아니라 교회와 가정의 분리로 인한 일상에서의 종교의 분리라는 더 큰 문제로 이어졌다.

신앙은 교실에서 '학습'되는 것이 아니라 공동체 안에서 '습득'된다

웨스터호프가 말하는 신앙의 의미는 공동체 안에서 그리고 공동체의 관계 속에서 가지는 우리 각자의 경험과 행동을 통하여 자신의 것으로 발전되어지는 것이다. 그가 말하는 기독교교육이란 삶을 보는, 그리고 삶의 스타일이 목적을 가지고 전달되며 양육되고 발전되는 사회화의 과정이다. 그렇기에 다른 사람으로부터 신앙에 대해서 배워보지 못한 사람은 신앙을 가지지 못한다고 주장한다. 기독교 신앙은 신앙대로 살려고 노력하는 신앙공동체에서 양육되고 발전하는 것이다. 그는 신앙은 개체 교회의 현장에 참여함으로써 이루어지는 것이라고 말한다. 즉, 어떤 학교와 같은 환경에서 '학습'되는 것이 아니라 관계를 맺고 있는 공동체 안에서 유기적으로 이루어지는 '습득'인 것이다.

웨스터호프의 주장의 배경을 파악하기 위해서는 당시 자유주의 신학과 신정통주의 신학의 영향이 교회 공동체와 신앙 교육에 미친 영향을 살펴봐야 한다. 자유주의 신학은 인간의 본성에 관한 교육을 중시하였다. 죄는 본래, 인간의 과실이며 인간성의 제한은 도덕교육을 통해서 해결이 될 수 있으며 하나님의 나라도 이 지상의 세계의 것으로 해석되었다. 적절한 종교교육이 행해지면 하나님의 나라의 건설에 공헌할 수 있으며, 사회 구원 요소의 꼭 필요한 요소는 '교육'이라고 생각되었다. 그후 1930년대에 자유주의 신학의 문제점을 수정하고자 신정통주의 신학이 탄생하였다. 신정통주의 신학은, 성서야말로 신앙의 중심점이며 성서에 나타난 하나님의 계시의 권위를 인정하였다. 신정통주의 신학에 있어서 죄란 인간의 무지 이상의 것이며 의지의 본질적인 붕괴라 보았던 것이다. 구원은 교육으로 오지 않으며 회심을 통해야 하고 하나님의 나라는 지상의 것이 아니며, 하나님의 심판과 은총 아래 살아간다고 보았다.

웨스터호프에 의하면 교회의 역할은 세계로부터 구별된 성도의 공동체로서 그 사명을 위해 부름 받은 것이다. 교회는 하나님에 의해 창조된 공동체, 즉 "말씀과 행동을 가지고 인간이 삶에 대한 하나님의 의지와 계획을 개인으로 또는 친교로서 증언하도록 소명 받은 공동체"이다. 웨스터호프는 "신앙공동체"는 신앙을 가지고 있는 성도들을 말하는 것으로 하나님이 주신 선물이며 성례전 속에서 축하하고 애찬하며 복음의 심판과 격려 아래서 살아가게 되는 생활을 통해서 느껴지는 비의(秘義, mystery)라고 말한다.

신앙공동체의 역사를 들여다보면, 신앙을 교육한다는 개념은 비단 다음세대들을 위한 것만이 아니라 공동체 전체에 해당했음을 알 수 있다. 성전이 무너진 이후 신앙교육을 통한 민족의 정체성 유지를 위해 시작된 포로기의 '회당'(Synagogue)으로부터 시작되어

'제사' 중심의 '성막'(Tabernacle)이나 '성전'(Temple)과는 달리 '예배'와 '교육'을 목적으로 생성된 것이다. 그러나 중세에 오며 교육은 사라지고 예배(미사) 중심의 형태로 빠졌고 결국 상징주의와 교리문답식 교육에 갇히게 되었다.

'학교-교수형 패러다임'을 버리고 성경의 가르침을 따르라

웨스터호프는 교회교육의 현장이 심하게 병들어 있다고 생각했으며, 근본적인 문제를 일반학교의 수업형태를 따라가는 '학교-교수형 패러다임'을 추종했기 때문이라고 말한다. 이로 인하여 교회 교육은 학교형 지식 교육에 머물고 말았다고 본다. 학교 모델의 탄생은 산업혁명 이후 근대국가를 지향하는 과정에서 산업화를 뒷받침할 기본 소양을 갖춘 국민양성을 위해 이루어졌다. 즉, 공장에서 이미 일하는 부모와 공장에서 일하기 위해 학교에서 준비하는 자녀로, 학교 모델 자체가 세대를 분리하는 모델에서 시작되었으며, 그것은 노동의 효율을 위한 가족의 해체에서 시작된 것이다.

그는 교회 안에서의 학교-교수형 모델의 폐해를 크게 두 가지로 보았는데 첫째로, 작은 교회를 간과했다고 보았다. 이것은 그가 활동했던 1970년대 뿐만 아니라 현재도 여전한 문제인데 주요 교회와 대형교회 중심으로 교단의 교육방향이 정해지고, 커리큘럼

이 계획되며 교육용 교재가 쓰여지는 문제이다. 대다수의 중소형 교회들에게는 어려운, 많은 수의 교사와 복수의 교역자와 넉넉한 재정이 뒷받침되어야 가능한 방법이다. 둘째로, 지역 교회를 간과하였다고 지적하는데 이것은 지역과 여건에 따라 각자 다른 교회의 상황을 배제하고 획일적인 적용을 원칙으로 한다는 것이다. 웨스터호프는 이러한 이유들을 무시하고 학교–교수형 모델을 억지로 도입하고 따라가려다 보니 다음세대들에 대한 신앙의 전수가 어려워졌다고 지적한다.

웨스터호프는 종교적 사회화(religious socialization)의 과정에 관심과 주의를 기울여야 한다고 말하는데, 사회화란 "사람들이 어떤 사태와 상황에 직면하여 획득하거나 자기의 삶의 방식을 체득하거나 하는 경우에 작용하는 모든 의도적이고, 무의도적인 영향관계의 과정 전체를 의미한다" 고 하였다. 이는 자라면서 주위 환경에 의해서 알게 모르게 배우는 모든 것을 말한다. 웨스터호프는 교회의 교육적인 임무를 다하기 위하여 해야 할 일은 학교–교수라는 낡은 패러다임을 버리고 종교적 사회화를 통한 "신앙과 문화 형성의 공동체"라는 새로운 패러다임 안에서 방향을 설정을 해야 한다고 주장한다. 그는 교육이란 삶을 보는 눈, 삶의 스타일이 목적을 가지고 전달되며 양육되고 발전되는 거룩한 사회화 과정이라고 정의한다.

신앙공동체인 교회 안에서 신앙의 전수가 일어나는 과정에 대해 웨스터호프는 제임스 파울러(James Fowler)의 연구의 영향을 받아서 신앙의 발달 단계를 네 단계로 생각하였다. 제임스 파울러의 신앙발달단계의 중심 내용은 서로 상호작용(Interaction)하고, 알고(Knowing), 존재(Being)하고, 의지(Willing)하는 것을 기초로 하여 신앙 스타일로 발전된다는 것이다. 웨스터호프는 그에 영향을 받아 신앙을 하나의 활동으로 이해하고, "신앙의 발걸음"을 4가지의 유형으로 구분하였다.

첫 번째 단계

아이가 태어난 시기부터 7세 어린이 즉 취학 전 어린이의 시기를 경험적 신앙(experienced faith)으로 보고 이 시기는 다른 이를 관찰, 모방, 상상하고 경험에 반응하는 시기로 규정한다. 웨스터호프에 따르면, 경험적 신앙에 가장 중요한 것은 감정적 경험이며, "경험은 신앙에 있어서 기초적인 것이다. 사람은 처음엔 그리스도를 신학적 명제로써가 아니라, 감정적 경험으로써 배우는 것"이기 때문이다. 교회 공동체 안에서도 이 시기의 아이들은 어른들의 모습을 그대로 모방하고 닮아간다.

두 번째 단계

아동초기에서 청년기 초기인 귀속적 신앙(affiliative faith)이며, 자신과 같은 생각을 지닌 수동적 공동체(accepting community) 속에서 사람들과 함께 지내길 원한다고 말한다. 웨스터호프는 이 시기의 아이들이나 청소년들은 주변의 사람들을 직접 만나고 이야기하는 경험을 토대로 신앙 공동체의 영향을 받으며, 이때 공동체 안에서 이루어지는 예배의 행위가 신앙의 틀을 만드는 결정적인 역할을 감당한다.

세 번째 단계

탐구적 신앙(searching Faith)으로서 이 시기는 대체적으로 청년후기부터 성년초기에 해당한다. 탐구적 신앙의 특징은 자기의 신앙을 확장 전개해 나가는 시기이며, 공동체 의존적인 신앙의 이해로부터 자기 자신의 신앙 이해로 이행하기 위해서는 그 공동체의 신앙 이해를 의미하고 물음을 물을 필요가 있다. 이 단계에서 고민을 거듭하다가 교회로부터 이탈하는 일들이 주로 생겨나는 이유이기도 하다.

네 번째 단계

고백적 신앙(owned faith)이며, 이 단계는 신앙의 마지막 단계로 모든 것이 통합되는 단계로서 나이는 중요치 않다. 탐구적 신앙의 단계가 원하는 모든 요구가 충족이 될 때 다음단계인 고백적 신앙으로 확장되고 고백적 신앙을 삶의 방식으로 표현하며 살아간다.

웨스터호프의 신앙공동체교육론의 핵심은 바로 모든 세대들이 함께 예배드리는 현장을 통해서 신앙이 전수되며, 예배야말로 기독교 신앙의 정수라고 할 수 있는 신앙의 고백과 교회의 역사가 다음세대에게 전달되는 통로가 된다. 뿐만 아니라 성인들에게도 공동체 속에서 맞는 생의 변화의 의식(life crises rites)—견신례, 안수식, 임종예배—을 포함한 결혼, 이혼, 취직, 정년, 은퇴 등 삶의 전환기를 맞이하는 이들 역시 공동체 안에서의 세대 간의 영향과 소통을 통한 변화와 성숙이 이루어지게 되는 것이다.

현대 기독교교육의 방향: '교재'가 아니다, '공동체'다!

- 카라 파웰, 제임스 스미스, 토마스 그룸, 크레이그 다이크스트라, 마리아 해리스

20세기 중반 이후 교회성장의 효율성과 연령별 교육의 전문성을 이유로, 교회는 세대분리예배(분리교육) 방식을 도입했다. 21세기를 넘어서면서 분리예배는 더 세분화되어 유아·아동·청소년·청년 예배를 따로 드리며, 교회는 '맞춤형' 프로그램과 음악, 메시지를 제공하여 부모세대를 교회로 끌어들이는, 일명 '상품화'에 매진해 왔다. 그 결과로 부모와 자녀가 함께 하나님을 예배하며 "이야기되는 믿음"(narrated faith)을 공유할 기회가 줄어드는 신앙의 연속성 붕괴의 문제와 더불어 각 세대가 자신에게 '맞는' 예배를 찾게 되면서 예배가 소비자의 선택지로 전락되는 예배의 소비화를 불러왔다.

많은 연구와 통계조사를 통하여 밝혀진 '학교–교수 모델'이 다음 세대를 신앙교육하는 일에 실패했다는 현실을 직시한 세계 기독교교육의 최신 흐름은 '교회학교'가 아닌, 공동체 안에서의 '관계 형성을 통한 신앙교육'이다. 교재를 교사가 가르치는 식의 반세기 넘도록 지속되어온, '학교' 모델을 폐기하고, 신앙 공동체 안에서 거룩한 습관을 형성시켜야 한다는 학자들의 의견을 소개한다.

카라 파웰의 '끈끈한 신앙' 이론

풀러 청소년 연구소의 이사이며 풀러신학교 교수인 카라 파웰(Kara Powell)은 신앙은 '정보 전달'의 문제가 아니라 '삶의 습관 형성'인데, 분리예배는 공동체 안에서 몸으로 배워가는 신앙의 흐름을 약화시켰다고 지적한다. 교회학교라는 제도에 갇혀 가정과 교회 공동체로부터 신앙적 정체성을 전수받지 못한 세대는 대학 이후 급격히 교회를 떠나는 경향을 보였으며, 결과적으로 분리예배를 신앙 전수(faith transmission)를 약화시키는 주요 요인으로 지적하고 있다.

파웰의 책 『Sticky Faith: Everyday Ideas to Build Lasting Faith in Your Kids』는 미국 교회에서 고등학교 졸업 이후 청년들의 교회 이탈률이 40~50% 이상에 달한다는 연구(Fuller Youth Institute, 2010)를 바탕으로, "왜 다음세대의 신앙이 교회를 떠날 때 쉽게 사라지는가?"를 질문한다. 그리고 "지속적으로 붙어 있는 신앙(sticky faith)"–즉, 성인이 되어서도 신앙이 일상 속에서 살아남는 믿음을 어떻게 형성할 수 있는가에 대한 대안을 제시한다. 신앙의 "점착력"(sticky faith)은 가정과 교회, 세대 간의 통합된 신앙공동체에서 형성된다는 것이 그 주장이다.

파웰과 공저자들이 이야기하는 '끈끈한 신앙(Sticky Faith) 이론'이란 학교–교수 모델의 '지식 중심 신앙'이 아니라, 삶의 모든 영역에 스며드는 '통합적 신앙'을 의미한다. 신앙이 머리(믿음의 내용) 뿐 아니라 손과 발(실천), 마음(사랑과 정체성) 에까지 "붙어 있는" 상태를 말하는 것이다. 인지적 신앙교육의 한계인 "무엇을 믿는가(what to believe)"는 배웠으나, "그 믿음으로 어떻게 살 것인가(how to live it)"는 경험하지 못했다는 것이다. 또한 부모 세대와의 단절을 불러와서 신앙은 주로 '청소년 사역자'를 통해 교육되며, 가정에서 신앙 대화가 단절되어 성경에서 신앙교육의 장(場)인 가정의 역할을 상실했다. 아울러 신앙은 관계적 구조 속에서 유지되는데, 이 관계망이 끊겨 버림으로 인하여 청소년, 청년들은 교회 안에서 '소속감(belonging)'을 경험하지 못하게 되었다. 분리예배가 다음세대 신앙의 개인주의화, 소비주의화를 가속시킨 원인이었음을 더 이상 외면해서는 안 된다.

파웰은 신앙은 개인의 내적 확신이 아니라 공동체 안에서의 관계적 연결을 바탕으로 한 실천이기에 하나님과, 공동체와, 세대 간 관계 안에서 살아 있는 믿음이 형성된다고 말한다. 신앙은 말로 전달되는 정보가 아니라, 몸으로 살아내는 삶의 리듬으로 형성되는 성육신적 교육(Incarnational Formation)이라고 말이다. 그는 신앙은 가정–교회–공동체의 삼중 구조 안에서 순환적으로 전수되어야 하며, 한쪽만 강화될 경우 '끈끈한 신앙'이 아닌 '조건부 신앙'으로 퇴화할 것이라고 경고한다.

제임스 스미스의 '의전적 인간' 이론

칼빈 칼리지의 제임스 스미스(James K.Smith) 교수는 근대 계몽주의 이후 교육이 인간을 이성적 존재(homo rationalis)로 전제해 '지식 전달' 중심이 되었음을 비판한다. 인간을 '사랑하는 존재(homo liturgicus)'–의전적 인간으로 정의한 스미스는 신앙 교육의 목표는 '바른 생각'을 주입하는 것이 아니라, 하나님 나라를 향한 사랑과 욕망을 형성하는 것이라고 말한다. 인간은 사유적 동물(thinking being)이 아니라 의전적 동물(liturgical being) 혹은 사랑하는 존재(desiring being)이기 때문에, 인간은 '가르침'보다 '습관과 의전'을 통해 형성된다는 것이다. 그에 있어 예배는 단순한 '정보전달'이 아니라 사랑의 방향을 재구성하는 의전적 실천(liturgical practice)이며, 반복되는 몸의 행위(찬양, 기도, 성찬, 봉헌, 축도 등)가 우리의 욕망(desire)을 하나님을 향하도록 재조정하게 된다.

따라서 신앙교육의 핵심은 "무엇을 가르치느냐"보다 "무엇을 반복적으로 행하느냐"에 있다. 공동체적 예배 속에서 어린이와 어른이 함께 '몸으로' 참여할 때, 신앙은 언어적 지식이 아니라 체화된 기억(embodied memory)으로 전수된다. 아이들은 설교보다 성인들의 몸짓–기도하는 자세, 찬양하는 태도, 눈물로 고백하는 모습–을 통해 하나님을 배운다. 스미스는 이것을 '형성적 예전(formative liturgy)'이라 부른다.

분리예배는 신앙의 '언어적·인지적' 전수만을 강조하다가, 몸과 공동체 속에서 살아 숨 쉬는 신앙의 의전적 전수(liturgical transmission)를 약화시켰다. 이에 반해 제임스 스미스의 "의전적 인간" 관점은, 신앙이란 머리로 배우는 것이 아니라 몸으로 배우고 사랑으로 형성되는 삶의 습관임을 상기시킨다. 따라서 의전 중심의 세대통합예배는 단순한 형식 회복이 아니라, "하나님 나라의 사랑을 몸으로 배우는 예전적 공동체"를 회복하는 신앙전수의 길이 될 수 있다.

기독교교육은 지식을 주입하는 것이 아니라, 예배와 공동체의 실천을 통해 하나님 나라를 사랑하는 습관을 형성하는 일이며, 교회는 교육 기관이 아니라 '사랑의 형성소'(a pedagogy of desire)라는 주장에 주목해야 한다.

토마스 그룸의 '나눔의 프락시스' 이론

보스턴 칼리지의 토마스 그룸(Thomas H. Groome) 교수는 교육을 "삶 → 신앙 → 삶(→ 다시 삶 속의 신앙)"의 순환적 대화 과정으로 정의한다. 즉, 기독교교육이란 지식의 전달이 아닌, 신앙 공동체의 삶 속에서 이루어지는 전체적인 인간의 변화 과정이라고 보는 것이다.

그의 '나눔의 프락시스, 혹은 공동의 기독교 실천'(Shared Christian Praxis) 이론에서 "공동"은 대화와 관계를, "기독교 실천"은 삶의 방식을 의미한다. 즉, 공동체 구성원들이 서로의 현재 삶의 이야기(실천)와 기독교의 전통(실천)을 나누고, 이를 비판적으로 성찰함으로써 함께 더 깊은 신앙과 실천으로 나아가는 과정이다.

그룸은 교육 현장에서 적용할 수 있는 구체적인 5단계를 제시했는데, 아래와 같다.

1단계: 삶의 제시(Focusing)

학습자들의 현재 삶의 경험과 문제를 제시하고 공유한다.

2단계: 삶의 성찰(Naming)

그 경험이 왜, 어떻게 일어났는지 비판적으로 성찰한다.

3단계: 복음의 제시(Christian Story and Vision)

해당 삶의 문제와 관련된 기독교의 이야기(성경, 교리, 전통)를 제시한다.

4단계: 복음과 삶의 대화(Dialogue between Story and Vision)

학습자들의 삶(1,2단계)과 기독교 전통(3단계)을 대화시키고 통합하려는 노력이다. 여기서 '대화'는 상호 비판과 수용을 포함한다.

5단계: 결단과 실천(Decision and Response)

새로운 깨달음을 바탕으로 삶에서 어떻게 실천하고 살아낼 것인지 결단한다.

여기에서 그룸이 말하는 공동체의 역할은 첫째, 대화의 장(場)이다. 서로 다른 경험과 의견을 가진 구성원들이 모여 자유롭게 이야기하고 듣는 것이 학습의 핵심이다. 또한 공동체는 '전통의 살아

있는 담지자(擔持者)'로서, 교사는 '답을 가진 전문가'가 아니라, 공동체의 전통을 안내하는 '촉진자' 역할을 하게 되는 것이다. 변화의 주체는 개인뿐만 아니라 공동체 전체이며, 함께 성찰하고 결단함으로써 공동체 자체가 더 정의롭고 복음적인 공동체로 변혁된다는 것이 그룸의 이론이다.

한마디로, 그룸에게 기독교교육은 "공동체 안에서, 공동체와 함께, 현재의 삶과 기독교 전통을 대화시켜 미래를 향한 실천적인 결단을 도출하는 해방적이고 변혁적인 과정"인 것이다.

크레이그 다이크스트라의 '실천과 공동체' 이론

듀크 대학에서 가르쳤던 크레이그 다이크스트라(Craig Dykstra)는 신앙은 '지식이 아니라 실천의 삶'에서 성장하며, 기독교 공동체는 신앙적 실천(예배, 기도, 봉사, 성찬 등)을 통해 '지혜의 전통'을 이어가는 공간이라고 말한다. 교육은 교리 강의가 아니라 공동체의 참여 속에서 배우는 경험적 형성이라고 말이다. 왜냐하면 신앙은 "사람들이 하나님 앞에서 살아가는 습관적 방식(habits of the heart)"을 배우는 것이라고 보기 때문이다. 따라서 교회교육은 '무엇을 아느냐'보다 '어떻게 함께 살아가느냐'를 형성해야 한다.

그에게 있어 신앙적 실천 (Christian Practices)은 단순한 습관이나 의례가 아니라, 그것은 하나님의 현존과 은총에 대한 응답으로, 오랜 시간 공동체를 통해 형성되며, 우리의 정체성과 삶의 방식을 근본적으로 변화시키는 지혜와 덕성이 담긴 행위이다.(예: 기도, 환대, 용서, 경청, 감사, 정의 추구 등) 교육의 목표는 특정 지식을 가르치는 것이 아니라, 신앙적 실천에 참여하도록 하는 것이다. 예를 들어, '기도'에 대해 가르치는 것이 아니라, 실제로 다양한 방식으로 기도하는 법을 배우고, 기도하는 공동체의 삶에 참여하는 것 말이다.

공동체는 실천을 보존하고 전수하는 '장'(Ecology of Faith)이며, 신앙은 공동체의 삶과 관계, 의식, 전통 속에 스며들어 있고, 개인은 이 풍성한 신앙의 생태계 안에 참여함으로써 자연스럽게 신앙의 언어와 행위, 상상력을 내면화하게 된다는 것이다. 다음세대를 '교회학교' 안에 가두지 말고, 공동체 안에서의 예배, 소그룹, 친교 활동 등 모든 공동체의 삶을 교육의 현장으로 확장시켜야 한다는 주장이다. 이러한 '공동체의 행위들'이 바로 성령께서 사람을 빚어 가시는 자리라고 보기 때문이다.

그는 기독교교육의 핵심이 "세상을 하나님의 눈으로 보는 상상력"을 키우는 것이라고 본다. 신앙적 실천에의 참여는 우리가 세상을 지각하고 해석하는 방식을 변화시켜, 하나님과 이웃, 세상과의 관계에서 새로운 가능성을 보게 한다고 말한다.

다이크스트라에게 기독교교육은 "신앙 공동체의 삶 전체에 걸쳐, 그 공동체가 오랫동안 지켜온 신앙적 실천들(기도, 환대 등)에 능동적으로 참여함으로써, 하나님과의 관계를 깊게 하고 세상을 바라보는 방식을 변혁시키는 지속적인 형성 과정"이다.

마리아 해리스의 '교회의 오중적 사역' 이론

마리아 해리스는 가톨릭 신학자이자 교육자로, 그녀의 저서 '교육으로서의 교회'(Teaching and Religious Imagination)는 기독교교육 분야의 고전으로 꼽힌다. 해리스는 교회 전체가 곧 '교육의 장'(the educating church)이며, 교육은 학교나 프로그램이 아니라, 예배·봉사·선교·교제·가르침 등 교회의 모든 활동 안에서 이루어지며, 공동체는 학습의 구조가 아니라 하나님의 형상으로 빚어지는 관계적 공간이라고 말한다.

해리스는 교회의 모든 삶과 사역이 그 자체로 교육적이며, 이를 다섯 가지 상호 연결된 형태(Forms)로 설명했다. 진정한 교육은 이 다섯 가지가 조화를 이룰 때 일어나며, 그것을 '교회의 오중적 사역'(The Five Forms of the Church's Ministry)으로 정리한다.

① 케리그마(Kerygma)

선포의 교육으로 복음의 핵심 메시지를 선포하고 가르치는 것인데, 설교, 교리 교육, 성경 공부 등이며 중요한 점은 공동체의 정체성과 믿음의 내용을 분명히 해야 한다는 것이다.

② 코이노니아(Koinonia)

공동체의 교육으로 함께 하는 공동체의 삶 그 자체가 가르치는 힘을 가진다고 본다. 친교 모임, 식사 나눔, 서로를 돌보는 관계를 통해 드러나며, '살아있는 교과서'로서의 공동체 안에서 관계를 통하여 용서, 사랑, 환대를 삶으로 배우게 된다.

③ 레이투르기아(Leiturgia)

예전의 교육이며, 예배와 의식(세례, 성찬 등)을 통해 배우는 것이다. 공동체 안에서 주일 예배, 성찬, 세례 등에 참여함으로써 상징과 의식을 통해 신앙의 깊은 진리를 체험하고 몸에 새기게 되는 '배움의 정점'으로 본다.

④ 디아코니아(Diakonia)

봉사의 교육으로서 섬김과 봉사의 실천을 통해 배우는 것이다. 봉사활동, 사회 정의 실현을 위한 노력, 이웃 돕기 등을 통하여 실천 속에서 믿음이 구체화되고, 세상의 필요를 통해 새로운 것을 배우게 된다.

⑤ 마르튜리아(Martyria)

증거의 교육으로서, 삶으로 믿음을 증언하는 것을 통해 배우는 것이다. 개인적 간증, 공적 선언, 평범한 일상 속에서의 신실함에 대해 나누고, 체험함으로써 믿음이 어떻게 삶 전체에 스며드는지를 보여주는 살아있는 교육이다.

해리스는 교육자를 '답을 가진 전문가'가 아닌, 학습자들의 세계를 방문하는 '방문객'에 비유한다. 방문객은 경외심을 가지고 그 공간에 들어와 세심하게 관찰하고, 이야기를 듣고, 그 안에서 아름다움과 진리를 발견하도록 돕게 된다. 그에게 있어서 기독교교육은 "교회의 다섯 가지 상호 연결된 사역(선포, 공동체, 예전, 봉사, 증거)을 통해 공동체 전체가 하나의 살아있는 교육과정이 되는 예술적, 예전적 과정"이다.

정리와 요약: 관계와 습관을 통한 공동체 안에서의 신앙 형성

위에서 언급한 학자들은 다음세대 사역의 패러다임을 "교육에서 형성(formation)"으로, "프로그램에서 관계"로 전환시키는 기독교교육적, 예배신학적 전환점을 제시한다. 교회 공동체를 떠나지 않는 '끈끈한 신앙'은 교실에서 배우는 게 아니라, 함께 예배하고, 함께 실패하며, 함께 걸어가는 세대 간 공동체 안에서 형성된다는 것이다.

공동체는 단순히 모임이 아니라, '몸의 훈련을 통한 사랑의 학교'이며, 신앙은 개인적 결단이 아니라 공동체적 실천을 통해 길러지는 습관(habitus)이다. 따라서 신앙 교육은 함께 행하는 의전적 훈련(공동 기도, 봉사, 식탁 교제, 예전 참여)을 통해 이루어진다. 이런 과정에서 그리스도인은 하나님 나라의 질서를 '몸으로 배워내는 존재'가 된다. 이미 세계 기독교교육의 흐름은 분리예배의 문제점을 직시하고, 공동체 안에서의 신앙형성으로 바뀌고 있음에도 한국교회의 교회교육은 여전히 반세기 동안 변함없는 '발달이론' 숭배와 '교재' 지상주의의 '학교'모델에 갇혀 있는 것은 아닌지 돌아봐야 한다.

인질발달론의 최신동향은 사회문화적 상호작용의 중요성을 강조하는 방향으로 바뀌고 있다. 레프 비고츠키(본문 p.108 참조)의 사회문화적 관점을 반영하여 인지발달이 개인의 내적작용에 국한되지 않고, 사회적 맥락, 또래 및 성인과의 상호작용을 통해 촉진된다고 피아제의 이론을 확장하고 있다. 일반교육도 공동체의 중요성을 강조하는 방향으로 바뀌는데, 교회교육만 여전히 20세기에 머물러 있는 것이다.

"우리의 목표는 자녀들이 신앙에 대해 더 많이 아는 것이 아니라, 그 믿음이 삶 전체에 붙어 있게 하는 것이다."

– Powell & Clark, Sticky Faith, p.19

"하나님 나라를 욕망하는 급진적인 제자들을 형성하는 것이 기독교 교육과 예배의 근본 목적임을 깨닫게 하고자 한다. 원래 예수님의 제자가 된다는 것은 올바른 행동을 하기 위해 머릿속에 바른 사상과 교리, 신념을 집어넣는 것이 아니다. 오히려 그것은 바르게 사랑하는 사람, 하나님과 이웃을 사랑하고 무엇보다 이 사랑을 통해 세상과 관계하는 사람이 되는 것에 관한 문제다."

– James K. A. Smith, Desiring the Kingdom, p.47

"기독교교육은 공유된 실천이다: 기독교 이야기(성경적 내러티브)와 비전이 세상에 충실하게 살기 위해 현재화되고 비판적으로 활용되는 반성적이고 대화적인 활동이다."

– Thomas H. Groome, Christian Religious Education, p.26

"기독교교육은 무엇을 가르치는가 뿐만 아니라, 어떻게 그리고 왜 가르치는가, 즉 가르치고 배우는 수업의 형태, 실천적 패턴의 문제이다."

– David I. Smith, On Christian Teaching, p.12

Chapter 2
분리예배는 공동체를 파괴한다
3세대가 함께 하는 삼위일체적 예배로의 전환

개인주의와 소비주의가 불러온 분리예배

미국의 경우 교회 생활의 세대 분절에 영향을 미친 개인주의라는 강력한 문화 이데올로기는 구원의 공동체적 차원을 축소한 개인주의적 구원관에까지 영향을 미쳤다고 보고 있다. 이것은 교회의 공동체 의식을 약화시켰을 뿐 아니라, 세속적 교육학에서 중요하게 여기는 인지발달 차이의 중요성을 교회 지도자들이 적극적으로 수용함에 따라서 나이나 발달단계에 따라 공동체를 분화하는 것이 합리적이라고 믿게 되었다. 특히나 미국의 경우 이런 움직임을 주도했던 세대가 베이비붐 세대인데 자기방식대로 일을 처리하려는 욕구가 강한 그들의 영향은 교회의 공동체성에 지대한 영향을 미쳤다. 림스콤대학의 가정과학과 기독교 사역 교수인 홀리 채

터턴 앨런(Holly Catterton Allen)과 기독교 교육학과 교수인 크리스틴 로턴 로스(Christine Lawton Ross)는 그들의 책 '세대가 통합되는 교회'에서 '베이비붐 세대'가 내면생활(영적)과 외부생활(도덕적, 정치적)에 관해 생각이 확고하며, 다른 세대의 의견에는 거의 무관심한 세대라고 분석했다.

여기에 한 가지 더 큰 영향을 미친 '발달이론'의 경우 인지적(피아제), 심리적(에릭슨), 도덕적(콜버그와 길리건), 신앙 발달적(파울러) 측면에서 어린이, 십 대, 장년, 노년별로 전형적인 발달 과정을 강조했고, 다니엘 레빈슨(Daniel J. Levinson)과 같은 생애 주기 전문가는 삶의 문제와 관련해 성인이 연령별로 맞닥뜨리는 문제와 감당해야 할 과업이 다르다는 점을 강조했다. 이것이 20세기 들어 교회가 보여온 소비주의와 결합해 교인을 소비자로, 교회는 각 연령대에 맞춤 사역을 제공하는 쇼핑센터모델로 진화되어 온 것이다.

영성신학자 마르바 던(Marva J. Dawn)은 '소비주의'는 전도와 마케팅을 혼동하는 현대교회의 모습이며, 교인들을 소비자의 위치에 놓고, 소비자들은 가장 먼저 자신들을 생각하고 자신들이 느끼는 필요의 충족을 생각하게 한다고 말한다. 하나님의 교회가 개인주의 성향의 교인들이 선호하는 입맛에 따라감으로써 더 많은 소비자를 유치하는 것을 전도라고 부르는 것에 대하여, 소비주의에 항복한 교회라고 지적한다. 발달이론과 소비주의의 결합은 신앙 발

달의 각 단계에 따라 필요한 서비스를 제공하는 교회를 찾아 쇼핑하는 교인들을 양산했다고 말한다

대형교회들이 등장하고 우후죽순처럼 제기된 교회 성장 이론들에서는 각 연령대에 따라 제공하는 서비스에 대해 강조하게 되며 그 결과 교회안의 세대간 분화는 한층 가속화되었다.

미국 교회의 사례와 비교하여 한국 교회의 사례는 어떠한 유사점과 차이점이 있는가를 살펴보자면, 먼저 세대 연구에 대한 이해가 필요하다. 미국 교회에 세대 분화에 큰 영향을 미쳤던 베이비붐 세대는 제2차 세계대전 후 탄생하고 1960년대 반전운동과 히피 문화 등을 거쳤던 이들이다. 이들이 기성세대에 대한 반발로 교회를 떠나거나 교회에서 자기들의 목소리를 내려고 했던 점이 미국 교회에 세대 갈등, 세대 분화 등의 유산으로 남겨졌고, 이들의 자녀세대는 90년대 이후 나타난 새로운 교회 운동인 구도자 예배(seekers worship)등을 통해 그 모습을 드러내며 더 세분되고 더 전문화된 교회의 사역을 요구했음을 볼 수 있다.

구도자 예배로 유명한 윌로우크릭 처치와 새들백 처치의 경우 베이비부머 세대의 자녀 세대들을 대상으로 하는 전도목적의 예배를 드린다. 어린 시절에 교회학교를 경험했으나 교회를 떠났던 이들로 하여금 다시 교회로 돌아오도록 교회의 문턱을 낮추고 신앙

의 첫 출발점인 복음을 강조하는 예배를 드리는 교회를 말한다. 윌로우크릭 처치, 새들백 처치와 같이 교회학교가 잘되는 교회가 결국 교회 전체적인 성장과 부흥을 경험할 수 있다는 주장이다. 교회학교 교육의 수준을 높이고, 교육적 경쟁력을 가지면 결국 이들의 부모세대인 장년들도 교회에 끌어들일 수 있다는 것이다.

새들백 처치와 윌로우크릭 처치 등 대형교회들은 돌아온 베이비부머 세대의 자녀세대들이 편안하게 예배에 집중할 수 있도록 자녀들을 맡아주는 위탁시설로서의 교회학교 시설에 대한 경쟁을 불러왔다. 이 세대의 경우에는 자녀교육에 대한 관심도 이전 세대에 비교하여 더 커진 상태이기 때문에 오히려 자녀와 부모가 교회 안에서 공동체로서 조우할 일은 더욱 희박하게 되었다.

유교의 영향으로 더 심각해진 한국교회의 분리예배

한국의 경우도 이와 매우 유사한 형태로서 진행되어 왔다. 한국의 베이비부머 세대는 미국과 약 20년의 차이를 가지고 있으며, 이념 갈등 역시 미국, 유럽의 68세대들로부터 약 20년이 지난 80년대 후반을 기점으로 증폭되었음을 알 수 있다. 2000년대 후반에서 현재까지 한국교회의 리더라고 할 수 있는 당회를 구성하는 60~70대의 경우 베이비부머 세대였으며, 이들의 강한 자기 주장은 미국 교회의 예와 같이 비슷한 한국 교회의 세분화를 불러왔음을 알 수 있다. 여기에 더해 장신대 예배학자 최진봉 교수는 한국 특유의 유교 사상까지 더해져 강조된 어른과 아이의 경계가 예배와 사역 등 교회 전반에서 세분화를 형성했다고 말한다.

최진봉 교수는 영미권 선교사들이 전래해 준 초기 교회학교 제도에 더해진 한국의 유교적 서열 차등 문화가 현재 교회학교 등 세대분리형 예배로 정착되었다고 보고 있다. 유교의 성인식인 관례(冠禮)의 예를 들어 어른과 연소자가 함께 예를 실천하지 않는 것이 한국의 전통문화였으며 이것이 한국교회에 왜곡된 형태를 만드는 유교의 영향 중 하나임을 말한다. 복음이 전해지던 초창기 한국교회는 남녀가 평등하고 노비와 양반이 평등하며 노소가 평등하다는 매우 혁명적인 사상을 가르쳤으나, 시간이 흐를수록 복음의 혁신성은 사라지고 유교적 서열차등 문화가 현재 한국교회의 세대분리형 예배로 고착되었다고 서술한다.

세대통합예배는 3세대가 함께 한 공간에서 동시에 예배함으로써 교회로 한정시켜왔던 신앙의 공간을 가정과 일상으로 확장시킨다. 이는 자녀 세대의 신앙교육을 교회학교에 전담시키고, 부모는 자녀와 다른 시공간에서 종교 생활을 하는 식으로 삶에서 신앙을 분리해왔던 방식을 더는 불가능하게 만든다. D6운동으로 알려진 론 헌터(Ron Hunter Jr)는 부모들이 자녀 교육에 있어서 영적인 문제에 대해 손을 놓고 가정 안에서 제자교육이 이루어지지 않으며 그저 교회 지도자들이 자녀들의 제자교육을 책임져 주기만을 바란다고 말한다. 이것을 그는 영적 진공 상태라고 부른다.

존 웨스터호프 3세의 말에 따르면 신앙은 누구의 소유물인양 다른 사람에게 주는 것이 아니라, 신앙의 전수란 곧 삶을 살아가는 방법의 전수이기 때문이다. 앨런 허쉬는 신자들이 각자 자신의 삶에서 예수 그리스도의 인격과 삶을 본받고 따르는 제자도(discipleship)를 실천하는 것이 초대 교회의 본질적인 모습이라고 말하며, '누워 잠들어 있는 신약시대의 사도적 특성을 활성화'하는 것까지 나아가야 한다는 주장을 펼쳐 간다. 바로 이러한 신앙의 본질인 제자도를 회복시키고, 교회의 본질인 공동체성을 회복시키는 영향에서 세대통합예배의 중요성이 있다. 최진봉 교수는 세대분리형 예배가 교회로 하여금 교회됨에 대한 성경적, 신학적, 역사적 전통에 역행하게 만들고 그로 인해 현대교회는 대안적 '신앙공동체'라는 정체성을 상실했다고 평가한다. 세분화되어버린 예배로 인해 교회 공동체가 와해되고 그 결과 한국교회 전체의 약화와 쇠락으로 이어지고 있다는 평가는 한국교회, 더 나아가 비슷한 이유로 고민하는 세계 교회공동체 전체가 고민해야 할 부분이며 극복해야 할 문제이다.

세대분리의 주된 원인이며 교회 공동체 의식을 약화시킨 개인주의의 극복을 통한, 하나님 나라의 증인으로 서는 하나님의 백성에 의해 세워지는 공동체로서의 교회의 회복이 중요하다. 앞서 말했듯이 본서는 세대분리로 인해 야기된 약화된 교회공동체라는 위기에 대한 대안으로서 세대통합예배가 어떤 영향을 줄 수 있을 것이며, 그 대안이 될 수 있을 것인가에 대한 고찰에서 출발했다.

오늘날 많은 그리스도인들은 교회를 '영적 서비스를 제공하는 곳'으로 생각하며, 자신을 '신앙의 소비자'로 여기는 것이 사실이다. 예배의 질, 설교의 수준, 프로그램의 다양성을 평가하며, 자신의 필요를 채우지 못하면 쉽게 다른 교회로 옮긴다. 그래서 교회는 더 많은 소비자 – 교인을 유치하기 위하여 편의시설과 다양한 프로그램, 그리고 자녀들을 위탁하고 편히 부모가 예배에 집중할 수 있는지를 홍보하고 자랑하며 경쟁하고 있다.

그러나 성경이 말하는 신앙의 본질은 '소비'가 아닌 '소명'(召命)이다. 내가 교회를 쇼핑해서 선택한 것이 아니라, 하나님이 택하시고 부르시고 세우신 곳에서 소명을 감당하는 것이 신앙의 목표이며, 그 사명의 길에 동역자로 만나게 하신 이들이 모인 곳이 교회임을 깨달아야 한다. 신앙의 목표가 나의 영적인 만족이나 축복, 문제 해결 등, 나 중심에서 하나님 중심으로 바뀔 때 우리는 '개인주의', '소비자 신앙'에서 '소명자 신앙'으로 전환할 수 있을 것이다.

소비자 신앙에서 소명자 신앙으로 바꾸는 세대통합예배

본서는 개인주의와 소비주의에 의해 분열되고 약화된 교회 공동체의식을 회복시키는 대안으로서의 세대통합예배에 대한 글이다. 세대별로 세분화된 현재 교회의 모습은 '공동체로 부름받은 정체성'과 반하는 모습인데, 교회의 본질은 삼위 하나님께서 각기 다른 지체들을 한 몸으로 연합하여 그리스도의 몸으로 세우시는 것에 있기 때문이다.

신앙의 개인주의와 소비주의로 표현되는 현대의 왜곡된 교회공동체에 대한 교인들의 의식이 '삼위일체 신학'과 '성육신 신학'이 적용된 세대통합예배를 통해서 변화될 수 있으며, 변화 중 긍정적인 부분과 프로젝트 이후 더 긴 시간과 준비과정을 통하면 얻을 수 있을 효과에 대한 부분을 제안하고자 한다. 아울러 존 웨스터호프 3세가 주장했던 '종교적 사회화'와 '신앙의 문화화'가 세대통합예배를 통해서 특히 다음세대에게 신앙과 교회공동체에 대한 의식에 긍정적인 영향을 줄 수 있다.

존 웨스터호프 3세는 이런 신앙의 양육이 일어나려면 교회 안에 있는 세 개의 세대들 사이에 상호작용이 일어나야 된다고 한다. 교회에 있는 세 개의 세대들을 서로 단절 또는 유리시켜서는 안 된다. 이 3개 세대를 그는 이렇게 설명한다. 제1세대는 미래를 향한 환상과 꿈에 사는 세대, 제2세대는 현재에 사는 세대, 제3의 세대는 과거의 기억에 사는 세대이다. 이 3개의 세대들이 독자적으로 고유의 기능을 발휘하면서 동시에 상호적으로 영향을 끼칠 때에 크리스찬 공동체는 발전하게 된다.

웨스터호프가 주장했던 대로 기억세대–현재세대–비전세대라는 3세대가 함께 드리는 예배는 단순한 '예배방법론'에 그치는 것이 아니라 삼위일체신학의 적용을 통해 교회의 수직적구조를 수평구조로 변화시키고 폐쇄적인 구조를 개방적으로, 이기적이고 개인주의적이며 소비주의적이던 예배를 공동체적 부르심에 대한 감사와 열림과 낮아짐, 환대와 배려가 있는 삼위일체적이며 성육신적 예배로 변화시키게 될 것이다.

Chapter 3
맞춤형 예배는 예배의 본질을 훼손한다
만인사제주의적 예배로의 전환

분리예배가 가져온 '예배 전쟁(WORSHIP WARFARE)'

지금의 한국교회는 자녀를 위탁할 교회학교가 매우 강조되었던 80~90년대 미국의 모습처럼 세분화에 집중했던 2000년~2010년대를 지나며 완전한 세대 분리형 예배를 드리는 구조로 정착되었다. 그 세분화의 정도가 대형교회의 경우 2~3년의 간격을 두고 영아부, 유아부, 유치부, 유년부, 초등부, 소녀소년부, 중등부, 고등부, 대학부, 청년부 등 더 세분화, 전문화되었다. 아울러 예배의 형태도 찬송가를 위주로 하는 예전, 예식 중심의 전통예배와 CCM 찬양을 부르며 예배순서를 간결화한 소위 현대예배를 선호하는 노년, 중장년, 청년 세대의 갈등과 분리를 가져왔다.

이런 갈등은 '예배 전쟁(worship warfare)'이라 불리게 되었고, 특정 악기의 사용 여부, 찬양단과 성가대의 역할, 강대상의 위치 등 수많은 크고 작은 논제들이 마찰을 일으키며 세대 간 갈등을 일으켰다. 이에 따라 대다수 교회들은 이 갈등의 해결책으로 예배시간과 장소의 다변화를 꾀했는데, 이것은 세대 분열을 가속화하고 교회 공동체 의식을 더 약화시켰다.

이러한 세대 분열로 인해 약화된 교회의 공동체 의식을 다시 회복시키고, 하나 되게 하시는 하나님의 몸으로서, 그리고 더 나아가 사도로 부르신 교회의 본질을 회복하는 공동체가 되어야 한다. 루터신학교의 선교학 교수인 크레이그 밴 갤더(Craig Van Gelder)는 '하나님의 백성'으로서 하나님과 타인과 화해된 관계 안에서 살아가는 것이 교회의 본질임을 언급한다. 다양하고, 지역적이며, 상황적인 교회는 성령을 통한 영적 유일성으로 인해 하나의 공동체임이 드러난다. 그리고 이것은 하나님께서 성령을 통해 교회를 부르시고, 창조하시고, 위임하신다는 것을 '사도성'으로 표현하며 선교적 교회가 교회의 진정한 본질임을 강조한다.

고신대학교 예배학 교수인 문화랑 교수는 세대통합예배를 예배신학(liturgical theology)적 관점에서 연구하고 그 학문적 성과를 정리했다. 그리고 교회현장에서 예배신학적 이론이 어떻게 적용되고 있는지를 한국에서 세대통합예배로 유명한 교회들을 대상으로 연구했다. 문화랑 교수의 관심은 현재 한국교회가 당면한 매우 심각한 문제에 기인한다. 한국교회의 점진적 쇠퇴현상이 매우 급속해지고 있으며, 무엇보다 다음세대라고 불리는 교회학교 학생들의 숫자가 급감하고 있다는 것이다.

통계에 따르면 교회학교가 없는 교회가 전체 교회의 절반 이상을 차지하고 있으며, 대형 교회의 교회학교도 어른의 숫자에 비해 아이들의 숫자가 턱없이 적은 실정이다. 또한 교회학교와 공예배의 심각한 분리는 세대 간의 예배와 문화의 격차를 심화시켜, 아이들과 젊은이들이 공예배에 쉽사리 적응하지 못하게 한다. 젊은 세대 급감의 배경에는 예배와 교회 문화에 대한 세대 간의 격차가 있음을 파악한 목회자들과 신학자들은 다음세대로의 신앙전수에 대한 대안의 고민이 있었다.

수동적인 관객에서 능동적이고 주체적인 예배자로

문화랑 교수는 세대통합예배에 대한 기존의 연구는 성경신학적 타당성과 교육학적인 효과에 관심을 두지만, 예배 신학적 차원에서 예배의 요소와 구조, 순서 등을 분석하며 현장에서 어떻게 적용할 것인가에 대한 실천신학적 연구에 중요성을 둔다고 주장한다. 그는 존 웨스터호프 3세의 주요 사상을 받아들여 종교적 사회화(religious socialization)와 문화화(enculturation) 차원에서 세대통합예배를 활성화시키고 교회학교 제도를 병행하여 경험적 교육을 통한 신앙전수를 주장한다. 그는 세대통합예배를 추구하는 목적이 예배 공동체의 "능동적이고 적극적인 예배 참여"에 있으며 의례 신학(ritual studies)적 차원에서 예배가 예배의 참여자들에게 예전적 틀을 제공하고, 그 틀 속에 사람들을 위치시키면서 내면의 결단을 요청하기 때문에 세대통합예배는 예배신학적 차원에서 신앙 형성적인 힘(formative power)을 가지고 있다고 말한다.

그는 개혁교회 예배 전통과 관련시켜 예전(禮典)이 있는 예배가 곧 교육의 방편임을 칼빈의 예를 들어 설명한다. 칼빈은 세레모니 자체가 믿음을 창조하는 것이 아니라, 신자의 마음을 훈련시킴에 의해서 신앙 형성의 과정을 성숙시키는 것을 돕는 외부적인 도구라고 설명한다. 기도와 찬양, 그리고 설교를 통해 신자들의 신앙심을 고양시키며 훈련시키기 위해 사람들에게 주어진 도구인 것이다. 그는 예배와 의례 자체가 사람을 마술적으로 변화시키는 것이 아니라, 예배에 참여하고 예전을 행하면서 사람은 그 마음 속에 결단을 요청받는다고 말한다. 이 요청은 예배의 순서와 요소 속에 담긴 의미들을 접하면서 시작된다.

예배의 현장에 참여한다는 것은 예전 속에 담긴 질서 앞에 사람을 위치시키고, 그 시스템 속에서 사람은 이해의 성장을 경험하며 변화할 것인지 말 것인지에 대해 생각하게 된다. 결과적으로 세대통합예배는 예전학적으로 분석할 때 예배라는 전체의 예전 질서 안에 참여자를 위치시키는 것으로 이해될 수 있다. 예배참여자는 예배라는 공적 질서 안에 자신을 위치시키게 된다. 그리고 예배의 구조와 거기에 담긴 의미는 예배자의 마음 속에 단순히 지식을 줄 뿐 아니라 결단을 요구하게 된다. 그러므로 어린이들의 예배 참여 자체가 중요하다. 참여를 통해서 아이들은 기독교 신앙과 예배의 의미를 배운다. 그리고 하나님과 만나며 진정한 교제를 누리게 된다. 이런 차원에서 전세대가 참여하는 세대통합예배는 신앙 형성에 있어서 형성적 힘을 가지게 된다.

16세기 종교개혁 전통에서 찾는 세대통합예배

장로회신학대학교 예배학 교수인 최진봉 교수도 세대통합예배의 예배학적 근거를 문화랑 교수와 마찬가지로 16세기 개혁교회 전통에서 찾는다. 최진봉 교수는 더 나아가 교회학교 예배를 중심한 주일의 세대분리 예배 제도는 2천년 교회의 역사성에 비추어 탈역사적인 현상이며, 기독교 예배의 본래적 정신과 실천에 부합하지 않는 기이한 예배 형태라고 지적한다.

최진봉 교수는 세대통합적 예배 갱신을 위한 교의학적 토대 마련을 위하여 16세기 개혁자들의 교회론을 연구하며 특별히 쯔빙글리와 칼빈의 공동체적 교회론에서 오늘의 교회가 회복해야 할 근원적이며 본래적인 예배인 세대통합예배의 필요성을 확인시켜준다. 그는 16세기 개혁교회의 주일 공동예배(corporate worship)의 세대통합적 환경과 구조들을 조사한다. 그것들은 '공동예배'로서의 주일예배의 특성, 예배공동체로의 입회식이었던 유아세례식, 공동예배와 아동청소년들을 위한 신앙문답-교리교육 간의 관계성, 주일예배의 세대통합성 고취에 있어서의 설교의 역할 등이다.

그는 세대통합예배가 16세기 개혁교회의 세대통합예배의 전통을 계승 발전시켜 나가는 중요한 역할을 할 것이라고 주장한다. 개혁교회 전통의 특성이 교회의 공동체성에 있음을 강조하면서도 교회는 결코 종교적, 문화적 취향이나 사회적, 경제적 수준이 비슷한 사람들끼리만 모이는 사적인 클럽이 아님을 주지한다. 그러나 현재 교회학교 예배의 구조가 연령별 신앙발달 특성에 따른 동질 그룹별로 구분하여 독자적인 예배를 드리고, 교회 내에 존재하는 또 다른 교회와 같은 방식으로 기능했기에, 그리스도 안에서 한 몸된 교회의 공동체성이 제대로 발현되지 않았다고 보는 것이다.

최진봉 교수는 16세기 개혁자들의 공동체적 교회론과 세대통합예배를 연결시키며 대표적으로 쯔빙글리의 예를 든다. 쯔빙글리는 하나님께서 이스라엘 백성들과 맺으신 언약이 당시 스위스 개혁자들의 주장과 다르게 어린아이들을 포함한 언약으로 믿었다는 것이다. 그는 외적 세례인 물세례와 하나님께서 베푸시는 내적 세례인 성령세례를 구분하면서 물세례는 수세자의 믿음에 전제하여 베푸는 세례가 아니라 교회가 행하는 교육의 일환으로서 그리스도의 은총을 가르치는 예식으로 간주했다. 따라서 믿음이 없는 아이들에게 물세례는 문제되지 않았다. 이런 점에서 쯔빙글리에게 교회는 나눔을 위한 모임이 아닌 예배와 성례를 통한 구성원 간 한 몸 됨을 이루는 모임이었다. 쯔빙글리에게 교회는 '그리스도를 믿는 모든 사람들의 교제'였기에 그는 성경이 증언하는 대로 유아들도 동일한 하나님의 자녀요 백성으로 하나님의 같은 선택과 부르심을 받은 동일한 신자임을 의심하지 않았다.

개혁교회의 예배 핵심은 공동체의 교제와 연합이다

칼빈의 경우도 마찬가지인데 그에게 교회는 다양한 사람들이 하나의 몸을 이루는 일치와 연합을 향해 자라가는 신비한 모임이었다. 이 신비한 '연합'은 그리스도께서 말씀의 설교와 성례전을 통해 자신과 성도들을 연합시키는 그 연합 안에서 발생되어 나가는 연합인 것이다. 칼빈의 '성도들의 교제' 혹은 '연합'으로서의 교회는 하나님으로부터 생명인 복음의 말씀을 위탁받는 곳으로, 신자들을 복음이라는 자궁으로 잉태하고, 출산하며, 믿음 안에서 먹고 자라게 하는 어머니이다. 신자들은 모두 하나의 생명인 복음의 말씀 안에서 잉태되고 태어난 자녀이며 그 생명의 복음 안에서 교제한다. 그런데 이 생명의 복음은 설교와 성례전을 통해 신자들을 잉태하고 출산하며, 자라게 하고, 그들을 서로 연합케 한다. 그렇기에 그 누구도 예외가 없으며, 어떠한 자격요건이 필요치 않으며, 오히려 적극적으로 공동체의 예배에 참여함으로써 성도의 성숙과 성화가 이루어질 수 있음을 강조한다. 16세기 쯔빙글리와 칼빈을 중심으로 한 개혁교회는 교회를 그리스도를 머리로 하는 하나의 몸으로 이해하면서 그리스도와의 연합이 발생시키는 성도들의 연합으로 이해했다. 여기서 그들이 말하는 성도들의 연합은 모든 신자들의 사귐을 뜻하는 것으로 이는 남녀노소 간의 구분이 없는 교제이다.

당시 공동예배로서의 주일예배는 신자들의 교제(communion of saints)로서 공동체성을 회복하려는 예배였다. 중세의 예배는 사제들에 의한 사제중심의 예배로서 일반 신자들은 예배참여에서 배제되었다. 무엇보다 미사의 언어를 이해하는 소수와 그렇지 못한 다수의 신자들은 분리되었고, 그렇기에 주일미사는 엄밀한 의미에서 공동체의 회집이 아니었다. 그러나 개혁자들의 교회는 만인사제설에 기초하여 모든 사람들이 함께 모여 예배할 수 있었다. 개혁교회의 전통을 따르는 웨스트민스터 신앙고백서(Westminster Confession of Faith)는 "교회는 가시적으로 세상 속에서 성경에 기초한 참된 신앙을 고백하는 모든 자들이 그들의 자녀들과 함께 모이는 곳"이라고 고백한다. 이 역시 개혁교회 전통으로서의 공동체예배에 세대통합예배가 더 가까움을 보여준다.

정리하자면, 16세기 개혁자들의 주일예배는 공동예배로서 출생하여 세례받은 유아부터 아동과 공동체 앞에 신앙고백을 한 청소년들과 그 이후 세대인 어른세대가 함께 한 자리에서 기도하고, 찬송했으며, 성경을 읽고, 설명되는 설교를 들었으며, 교제의 봉헌을 드리고, 성찬에 참여했으며, 같은 바램과 소망을 가지고 세상을 향하여 함께 파송을 받은 예배였다. 그러므로 이들의 예배는 세대들 간의 구분과 분리를 낳은 예배가 아니라, 신자들을 연합케 하고, 다양하고 상이한 세대들이 사귀고 어우러지는 실질적인 의미에서의 그리스도의 한 몸을 세우는 예배인 세대통합예배였던 것이다.

종교개혁자들의 예배 혁신은 단순한 의식의 변경이 아닌, '모든 하나님의 백성이 함께 이해하고 참여하는 본질적인 예배'를 지향했다는 점에서 세대통합예배의 신학적 기초를 제공한다. 예배의 언어, 예전의 구조, 회중의 참여 방식 전반에 걸쳐 세대 간 대화와 포용, 그리고 공동의 신앙 고백을 통한 정체성 형성을 세대통합예배의 핵심 과제로 제시할수 있다. 따라서 오늘날 세대통합예배를 논하는 것은 단순한 예배형식의 변화를 통한 교회 성장 전략이 아닌, 종교개혁이 추구했던 참된 예배 회복의 연장선상에 있는 신앙고백적 실천임을 인식해야 한다.

존 칼빈: "쇼를 감상할 게 아니라 예배를 드려야 한다."

공동체성의 회복과 더불어 칼빈의 주요한 관심은 오염된 예배의 개혁과 회복에 있었다. 그가 1544년 로마제국회의에 제출한 "교회 개혁의 필요성" 제하의 변증서에서 그가 왜 교회개혁에 참여하게 되었는지를 분명히 설명한다.(이하 '칼빈 선집'에서 인용)

> "하나님께 드리는 예배가 너무나도 많은 잘못된 의견들에 의해 손상되었고 너무나 많은 불경하고 부정한 미신들로 왜곡됨에 따라, 하나님의 거룩한 위엄이 흉악한 오만무례로 모욕당하고 그의 거룩한 이름이 더럽혀졌으며 그의 영광이 발아래 짓밟히고 있다. 오호라, 모든 기독교 세계는 공개적으로 우상숭배에 의해 오염되었고, 사람들은 그대신 자기들의 허구를 숭배하고 있다. 수천의 미신들이 지배하고 있다!"

칼빈은 사람들은 전통적인 예배가 오랜동안 익숙하여 살과 피속에, 그리고 골수에 박혀 있기 때문에, 그들을 설득하기란 거의 불가능하며, 설령 이론적으로 동의한다 할지라고 실제적인 난관이 있음을 알고 있었다. 그렇기에 그는 '종교개혁'이라는 이름 아래 예배의 개혁을 이루려고 한 것이다.

> "이와 같이 하나님의 영광이 훼손되고 여러 모양으로 난자당하고 있는데, 만일 우리가 미소나 짓고 침묵한다면 배신이 아니고 무엇이겠는가? 개도 자기 주인에게 함부로 하면 즉시 짖어대는데, 우리가 침묵하며 하나님의 거룩한 이름이 그토록 모독적으로 경멸되는 것을 보고만 있을 수 있겠는가?"

칼빈은 기독교강요 4권 10장에서 그릇된 예배의 유형을 사람의 생각을 가르치는 예배라고 지적한다. 사람의 계명을 가르치는 예배(마 15:9, 사 29:13-14), 사람의 유전과 세상의 초등학문을 가르치는 예배(골 2:4-8)로서, 하나님의 말씀을 빙자하여 실질적으로 그 시대의 정신과 민족적 전통, 또는 교파적 전통(장로의 유전) 등 인간의 생각을 가르치는 예배의 왜곡이다. 현대 교회 안에 얼마나 많은 인간의 지식과 생각들이 하나님의 뜻보다 앞서 있는지에 대해 생각해본다면, 우리가 그간 비판없이 받아들여 오던 예배의 모습이 얼마나 인간중심적인지를 발견할 수 있다.

또한 칼빈은 잘못된 예배의 대표적 유형으로 '연극적 예배'를 들고 있다. 그는 이러한 예배가 외형적인 요소에 치중하여, 하나님께 드려지는 진정한 경배가 아니라 사람의 눈을 즐겁게 하는 쇼처럼 변질되었다고 보았다. 당시 로마 가톨릭의 미사를 비판한 내용이지만, 감성 자극 중심의 무대 연출이나 관객처럼 앉아 있는 회중, 조명과 음향기기가 중심이 된 찬양이나 설교를 쇼처럼 연출하는 현대 교회의 모습이 오버랩되게 된다.

칼빈은 예배의 본질을 "하나님의 말씀을 듣고, 말씀에 응답하여 하나님께 영광을 돌리는 것"으로 이해했다. 예배가 하나님께 드리는 경건한 제사가 아니라, 사람의 눈과 감각을 만족시키기 위한 쇼로 변질된 것은 성경에서 가르치는 예배에서 벗어났기 때문이라고 말이다. 잘 준비된 쇼를 감상하는 것을 예배를 드린 것으로 오해하는 이유는 예배자의 자리를 하나님 앞이 아니라 무대앞이라고 생각하기 때문이며, 예배의 주체가 아닌 객체로, 부름받은 소명자가 아니라 쇼의 소비자라고 여기기 때문이다.

'예배'의 본질: 엎드려 예배하는 자로 양육하라

예배에서 무엇을 실천하고 어떻게 실천하는가에 따라 우리는 어떤 그리스도인이 될 것인지 결정된다. 예배는 앞서 종교개혁전통인 예배 안에서의 교제인 삼위일체 하나님의 춤-페리 코레시스에 초대되어 함께 동참하는 것이며, 하나님의 백성인 우리가 예배에 참여하여 삼위하나님과 연합하고 교제할 때 우리는 그리스도를 더욱 닮아가는 거룩한 동역자로 살 수 있다.

성령의 전인 우리는 언제나 하나님과 동행하기에 삶으로 드려지는 예배(롬 12:1)는 성도의 삶 전체를 포함한다. 하지만 성경에서 창조주 하나님 앞에 영광을 돌리는 피조물의 예배(요 4:23)는 특정한 시간과 상황에서 자기 백성에게 자기를 계시하시는 하나님과의 만남이다.

요한계시록 4장 이하에서 보게 되는 천상의 예배를 보게 될 때 우리는 교회 공동체의 예배가 어떠해야 하는지에 대한 모범을 발견한다. 예배 동사 '경배하다'(프로스 퀴네오)가 24회 반복되는데 이 단어가 의미하는 것은 그저 몸을 굽혀 엎드리는 행위만이 아니라 경배하는 자의 내적인 태도를 가리키는 것이다.

구약성경에서 발견하는 예배 동사 히브리어 '샤카'(שׁחה)의 문자적 의미는 "몸을 굽히다, 절하다, 엎드리다"이며, 하나님 앞에서 자신을 낮추고 경배하는 행위를 의미한다. 구약성경 전체에서 약 170회 사용되며, 하나님의 임재 앞에서 무릎 꿇고, 자신을 낮추는 직접적이며 물리적인 행위이다. 예배자가 드리는 예배는 감정이나 생각, 의지가 아니라 몸 전체로 드리는 헌신임을 볼 수 있다. 경외하는 마음은 몸짓과 표정으로, 목소리와 노래로 나타나야 하며 인간의 의지와 상관없이 하나님에 대한 두려움과 경외, 전적 복종, 주권 인정을 표현하는 것, 그것이 바로 '샤카'인 것이다. 아브라함이 하나님의 사자들을 맞이할 때(창 18:2), 모세가 하나님을 만났을 때 얼굴을 가리고 엎드리는(출 3:5-6) 것 등이 그 예이다.

신약성경에서 '샤카'와 동의어로 볼 수 있는 예배동사가 바로 헬라어 '프로스 퀴네오'(προσκυνέω)이다. "입 맞추다, 경배하다. 절하다"라는 의미이며, '프로스'(~을 향해) + '퀴네오'(입 맞추다) 로 이루어진 단어로서 주인의 발 아래 엎드려 발등에 입맞추는 종의 모습을 연상할 수 있다.

하나님께 향히는 예배자의 전인격적 사랑과 복종의 표현이며, 거룩하신 하나님 앞에 구원받은 죄인이 은혜로 나아가 경외함을 몸으로 드러내며 엎드려 경배하는 것이 신약성경의 '예배'이다. 예수님께서 사마리아 여인에게 말씀하셨던 '영과 진리로 예배'를 언급할 때 이 단어를 사용하셨다.(요 4:23~24)

분리된 예배자 맞춤형 예배에서는 연령별로 다양한 게임이나 율동, 프로그램을 진행하는 것을 교회학교 예배라고 부른다. 예배자들에게 맞춘 문화 속에서 즐겁고 재미를 느끼게 하는 것, 알아들을 수 있는 쉬운 설교와 간식과 선물 등을 통하여 좋은 추억을 많이 갖게 해주는 것이 교회학교의 예배라고 부르는 것이다. 그 예배 어디에서 '샤카'와 '프로스 퀴네오'를 찾아볼 수 있는가?

우리는 다양한 예배를 드릴 수 있다고 말해서는 안된다. 성경에서 말하는 예배란 거룩하신 하나님 앞에 경외함으로 엎드려 영광을 돌리는 것이며, 예배자의 연령이나 성별이나 상황이 고려되지 않는다. 성경에서는 어린아이와 어른과 노인, 등 모든 세대가 함께 하나님 앞으로 나아가 하나님의 백성으로서 예배하라고 우리에게 명령하고 계신다.

가장 안 좋은 것은 어릴 때부터 교회학교에서 철저하게 예배자 중심, 인간중심적인 예배 프로그램에 익숙해진 다음세대가 어느 순간 갑자기 하나님 중심의 예배자가 될 수는 없다는 것이다. 교회학교를 졸업했으니 앞으로는 '어른 예배'에 참석해서 조용하게 앉아 있으라고 하면 재미있는 교회생활을 신앙생활이라고 여겨왔던 이들은 더 이상 재미없어진 교회를 버리고 떠나게 된다.

다윗이 법궤를 예루살렘성으로 옮길 때 하나님 앞에서 춤을 추었다고 해서 성경은 그것을 예배라고 부르지 않는다. 부모가 자녀에게 말씀을 가르치는 것을 예배라고 부르지 않는다. 교회학교에서 여러 가지 활동을 하는 것이 신앙성장을 위한 보조적인 역할을 할 수 있다는 것에 반대하지 않는다. 그러나 그런 활동들을 거룩하신 하나님 앞에 엎드려 경배하는 '예배'라고 불러서는 안된다. 인간의 만족과 즐거움을 추구하고, 혹은 예배자 맞춤형으로 변형된 종교의례를 아무리 오래 참석했다해도 그것이 '거룩'과 '경외'를 체험하게 하지 못한다.

어릴 때부터 부모와 어른들과 함께 예배하면서 몸으로 경외로 드리는 경배를 체험하게 해주고, 알아들을 수 없어도 분위기와 참석한 부모의 진지하고 경외하는 얼굴을 바라보면서 '샤카'와 '프로스 퀴네오'의 의미를 느끼게 해주어야 한다. 어린이용 '샤카'와 청소년용 '프로스 퀴네오'란 존재하지 않는다. 할머니, 할아버지 앞에서 세배할 때 어른과 아이가 다른 절을 하지는 않지 않는가? 거룩하신 하나님 앞에 엎드려 경배한다는 예배자의 자세를 가르치는 것은 교회학교를 졸업하면서부터가 아니다. 이미 그때는 늦었다.

청중이 아니라 제사장으로 양육하라

"만인사제주의(Priesthood of all believers)"란, 모든 신자는 그리스도를 통해 하나님 앞에 직접 나갈 수 있으며, 예배, 봉사, 선교 등 교회 사역에 다 같이 참여할 책임과 권리가 있다는 종교개혁 전통의 신학 원리이다. 이 원리가 예배 공동체, 특히 세대를 아우르는 예배에서 구현된다면, 단순히 '나눠진 프로그램' 수준을 넘어 상호의존적이고 공동체적 성도 양성(formative)으로 작동해야 한다.

세대통합예배(Intergenerational worship)는 여러 세대 – 어린이, 청소년, 장년, 노년 – 가 함께 예배 드리고 은사, 역할, 책임을 나누며 자라가는 공동체를 만드는 예배 형식이다. 이 두 가지 개념이 결합하면, 예배자 모두가 예배의 주체가 되고, 예배 자체가 공동체 형성(formation)의 장이 된다.

세대통합예배(Intergenerational worship)에서 가장 중요한 개념은 'inter' 즉, 상호세대적 관계(intergenerational relationships)이다. 단순히 여러 세대가 함께 예배하는 다세대 연합 예배(Multy-generational worship)와의 가장 큰 차이점이 모든 예배자가 주체적이고 능동적으로 상호 관계를 맺고, 영향을 주어야 하는 점이다.

단순히 연령대별 구분만 하는 게 아니라, 서로 다른 연령대가 관계 맺고, 서로의 경험과 믿음을 나누는 것이 강조된다. "연장자도 젊은이에게, 젊은이도 연장자에게 배우는 상호성"이 중요하며, 기도, 찬양, 봉사 등의 예배 요소들에서 연령을 초월한 역할 분담이 이뤄져야 한다. 특히 어린이/청소년도 '참가자' 차원을 넘어 예배의 일부를 '섬기는 자(servant)' 혹은 '공동예배자(co-worshipper)'로 세워져야 한다. 그것이 만인사제주의적 예배이다.

제사장의 역할은 하나님과 백성 사이의 중보와 축복과 제사를 집례하는 일이다. 세대통합예배 속에서 모든 예배자들은 제사장의 역할을 감당해야 하고, 그에 따라 어린이가 공동체를 대표하여 말씀을 봉독하거나 기도할 수 있고, 장년들도 어린이의 축복 기도를 받을 수 있도록 역할의 수평화가 이루어져야 한다. 자녀들은 이 예배를 통하여 부르심 받은 제사장으로서의 선교적 소명을 깨닫게 된다.

"너를 축복하는 자에게는 내가 복을 내리고 너를 저주하는 자에게는 내가 저주하리니 땅의 모든 족속이 너로 말미암아 복을 얻을 것이라 하신지라"

– 창세기 12:3

"세계가 다 내게 속하였나니 너희가 내 말을 잘 듣고 내 언약을 지키면 너희는 모든 민족 중에서 내 소유가 되겠고 너희가 내게 대하여 제사장 나라가 되며 거룩한 백성이 되리라 너는 이 말을 이스라엘 자손에게 전할지니라

– 출애굽기 19:5~6

"그러나 너희는 택하신 족속이요 왕 같은 제사장들이요 거룩한 나라요 그의 소유가 된 백성이니 이는 너희를 어두운 데서 불러 내어 그의 기이한 빛에 들어가게 하신 이의 아름다운 덕을 선포하게 하려 하심이라"

– 베드로전서 2:9

"또 충성된 증인으로 죽은 자들 가운데에서 먼저 나시고 땅의 임금들의 머리가 되신 예수 그리스도로 말미암아 은혜와 평강이 너희에게 있기를 원하노라 우리를 사랑하사 그의 피로 우리 죄에서 우리를 해방하시고 그의 아버지 하나님을 위하여 우리를 나라와 제사장으로 삼으신 그에게 영광과 능력이 세세토록 있기를 원하노라. 아멘"

– 요한계시록 1:5~6

서로를 "예배자"로서 존중하며 하나님의 형상을 인식하는 훈련이 세대통합예배의 시간에 이루어진다. 수동적인 청중의 한 사람으로 앉아있는 것이 아니라 능동적이며 주체적인 제사장으로서 '우리의 예배'를 드릴 수 있도록 하는 것, 그것이 세대통합예배의 목표이며 웨스터 호프가 말했던 '종교사회화', '문화화'의 실현이다. 나아가 제사장 나라로 부름받은 소명을 품고 세상으로 나아가 선교의 사명을 감당하는 삶의 예배자로 세우는 것이 세대통합예배의 목표이다.

> "그러므로 형제들아 내가 하나님의 모든 자비하심으로 너희를 권하노니 너희 몸을 하나님이 기뻐하시는 거룩한 산 제물로 드리라 이는 너희가 드릴 영적 예배니라"
>
> *– 로마서 12:1*

예배하는 공동체로서의 교회

그간 세대통합예배에 대한 논의가 교회성장론의 한 부분이나, 신앙교육적 측면 혹은 특별한 예배 방법론적 시각으로 다뤄져 온 것과 다르게 세대통합예배가 교회의 본질로 회복되는 기본적인 환경으로 만드는 중요한 과정이라 보아야 한다. 왜냐하면 하나님께서는 그분의 구원받은 백성들을 한 개인 개인이 아닌 공동체로 부르셨으며 성경에서도 여러 곳에서 반복하여 머리되신 그리스도에

게 속한 한 몸으로서 하나의 목적 공동체 의식을 갖기를 강조하시기 때문이다.[1]

선교적 교회 학자 마이클 고힌(Michael W. Goheen)은 교회를 대조 공동체라 부르며 종말론적 백성이며 메시아적 공동체로서 살아가야 한다고 말한다. 그는 하나님의 백성은 세상을 위해 선택받았으며, 하나님의 부르심에 의해 의미와 방향이 주어진다고 말한다.

여기에서 중요한 점은 공동체 의식을 갖는 것이 공동체의 존립을 위한 것이 아니라, 애초에 공동체로 부르신 목적을 실현하기 위하여 공동체 의식의 회복과 강화가 필요하다는 것이다. 신앙공동체의 공동체성은 그 자신을 위한 것이 아니라 목적 공동체의 정체성인 목적, 즉 부르신 하나님이 교회를 통해 이루고자 하시는 계획에 쓰임받기 위함이다. 교회의 본질로 회복된 신앙공동체는 모이는 것에 만족하는 것이 아니라 부르신 목적에 합당하게 흩어지는 교회로서 정체성을 실현해 나가는 것에까지 이르러야 한다는 측면에서 선교적 교회와도 연관지을 수 있다. 왜냐하면 공동체 의식을 강조하는 것이 자칫하면 폐쇄적이며 이기적인 공동체로 기울 수 있기 때문이며, 교회는 존립 중심 공동체가 아닌 목적(소명) 중심 공동체여야 하기 때문이다.

---

1 구약의 예와 별도로 신약에서는 교회를 강조할 때 특히 하나된 공동체로 언급된다. 로마서 12:4~5, 고린도전서 12:12~28, 에베소서 4:1~5: 11~16, 빌립보서 2:1~4, 골로새서 2:6~10 등이 이에 해당한다.

볼프하르트 판넨베르크(Wolfhart Pannenberg)의의 말대로, "오로지 예배에서 신자들의 교제가 실현되며", "예배가 이 세상에서 교회의 진정한 실체이다."(조직신학 3권) 그러므로, 예배의 위기는 교회의 위기이며, 세대통합예배를 통하여 하나님과 예배자의 페리코레시스적 교제가 이루어지는 주님의 몸인 교회 공동체를 세워나감으로써 극복해 나가야 한다.

Chapter 4
세대통합예배는 수평적 교회를 만든다
수직적, 계층적 위계질서를 극복하라

선교적교회 학자 앨런 허쉬(Alan Hersch)와 마이클 프로스트(Michael Frost)는 변화되어야 할 기성교회의 특징 중의 하나를 리더십이 제도적으로 안수받은 목회자에 의해 전문성을 가지는 것이라고 말한다. 기성교회의 경우 리더십과 구조는 제도적이고 위계질서를 가진 계층적이다. 종교적이고 관료적이며 위에서 아래로의 수직적인 리더십, 계층적 리더십(Hierachical Leadership)을 지니기에 모든 신자가 동일한 "제사장"이란 사실에 강조를 두지 않는다. 교회는 철저하게 삼각형의 수직적 구조를 가지게 되고, 종속을 부르는 권위주의적 예배를 드리게 되었다고 말한다. 계층적 리더십이라는 수직구조는 삼위일체적이며 성육신적인 예배와 정반대의 예배를 만들어왔다. 권위주의는 개인주의와 함께 세대 분리를 불러와 교회 공동체를 약화시켜 온 주된 원인이다. 허쉬와 프로스트가 이야기하는 메시아적 영성(Messianic Spirituality)과 초대 교회의 리더십 형태와 같이 은사에 따른, 그리고 다양성을 인정하는 팀사역형태의 리더십은 세대통합예배를 통해 이루어지는 다양성의 조화로운 예배 공동체를 이룰 수 있게 할 것이다.

'메시아적 영성'이란 신앙과 삶의 통합된 예수 그리스도의 삶을 표본으로 하는 성도의 일상으로서 단순한 신념이나 이론이 아니라 예수를 닮아가는 것으로 그리스도의 인격이 중요하다. 허쉬와 프로스트는 하나님의 백성이 일상을 거룩하게 살아가는 것을 메시아적 영성이라고 말한다. 허쉬는 현대 기독교의 몰락과 침체가 비성경적이며 비균형적인 리더십의 문제라고 지적하며, 선교적-사도적 리더십의 상실에서 그것을 찾는다.

허쉬와 프로스트의 제안에 귀기울여서 수평적인 리더십, 삼위일체적이며 성육신적인 리더십을 가지고 세대통합예배를 통하여 다양성이 인정되고 존중되는 한몸 공동체를 이루어나가기를 기대한다.

연령에 따라 분리된 예배는 세대 간 단절을 낳고, 특정 연령층(보통 장년층)이 권위의 중심에 서는 구조를 강화해왔다. 세대통합예배의 기대 효과는 세대 간 상호작용을 통해 관계를 회복하고, 나이와 지위에 따른 위계가 아닌 공동체적 평등이 강조된다는 점이다. 또한 예배는 주로 성인 남성 리더 중심(목사, 장로 등)으로 진행되며, 다른 세대는 수동적 소비자 역할에 그쳤다. 그러나 어린이, 청소년, 어른 모두가 예배의 주체로 참여하게 된다면, 이를 통해 수직적 구조에서 수평적 참여 구조로 전환되어 갈 수 있을 것이다.

기존의 장년층, 특히 남성 중심, 성직자 중심, 중직자 중심의 예배 권력을 내려놓고, 성육신하신 예수 그리스도의 자리 비우심을 본받아 빈 자리를 만들어주고 그 자리에 다양한 세대가 함께 해야 한다. 종교개혁을 통하여 무너뜨린 중세교회의 권력체계가 포스트 크리스텐돔의 현대교회에서도 유지되고 있음을 직시하고, 섬김과 본보기를 통해 형성되는, 세상과는 다른 새로운 영적 권위가 세워져야 한다.

공동체 의식 전환을 통하여 이루는 세대통합예배

첫번째 이루어져야 할 공동체 의식의 전환은 기존의 틀을 확장하여 기존 교회의 선교 개념을 공간에서 시간으로 확장시켜 나가는 것이다. 두번째로 공동체 의식을 저해한 원인인 개인주의 신앙에 대한 적극적인 극복으로서의 제자도의 삶의 실천이다. 세번째로 이루어질 공동체 의식의 전환은 삼위 하나님의 형상을 가진 교회 공동체라는 인식 하에 예배 가운데 삼위일체적 예배 공동체를 이루는 것이다.

첫째로, 공동체 의식의 전환을 통해 교회는 그간 가져왔던 공간적 선교의 개념의 강조에서 더 나아가 시간적 선교의 개념을 가져야 한다. 교회 안이냐 교회 밖이냐 혹은 교회가 있는 지역이냐 선교지냐의 논점을 더 확장하여 자녀들 즉 다음세대를 향한 신앙 공동체로 서야 한다. 구약에서 신명기 6장을 대표적으로 강조했던 자녀들에게 신앙을 전수해야 한다는 명령은 하나님의 모든 백성들이 함께 부르심 앞에 서야 한다는 성경의 곳곳의 표현을 통해 강화된다. 더군다나 한국교회의 경우 고령화의 문제도 매우 심각하고, 이런 환경 속에서는 교회학교 시스템을 유지할 수 없는 대다수의 중소형교회에서 점점 다음세대들의 자리는 찾기 어려워질 것이다.

둘째로, 공동체 의식의 전환은 공동체의 구성원으로서 제자의 삶을 재확인시켜준다. 파송된 제자로서의 삶은 세상 속에서 직장이나 이웃과의 관계에서 뿐만이 아니라 바로 우리 가정에서도 당연히 이루어져야 한다. 세대통합예배는 교회와 가정, 세상에서의 삶을 종교적인 삶에서 분리하던 세대 분리예배의 문제점을 많은 예배학자들이 지적하듯 '개인주의적 신앙'으로 규정하고 지양해야 하며, 이에 대한 대안으로서 공동체로 부르신 하나님에 대한 신앙을 강화하는 수단으로 삼을 수 있다. 로버트 웨버는 현대 교회가 직면한 문제 중 예배가 "행복한 삶의 비결을 만족시키는 것"으로 전락해 가고 있음을 지적하고, 예배의 방향이 인간 중심(anthropocentrism)에서 철저히 하나님 중심(theocentrism)으로 가야 한다고 강조하였다. 만약 개인주의의 영향 아래에서 계속 교회의 예배가 개인의 복을 구하는 즐거움을 위해 하나님의 즐거움을 망각하면 이는 인간의 자아중심적인 예배(self-centered worship)가 될 수밖에 없는 것이다. 곧 예배가 인간이 추구하는 기쁨, 즐거움, 은혜 등을 위해 존재하는 것이 아니라 전적으로 하나님의 구속적 은혜에 감사하는 '공동체의 섬김'이란 사실에 주목하게 만드는 것이 중요하다. 앞서 마이클 고힌의 말을 인용했듯이 교회의 본질이 바로 공동체로 부름받은 것이기에 개인주의의 폐해를 극복할 대안으로서의 세대통합예배에 대한 전환이 시급하다.

셋째로, 삼위일체신학과 성육신 신학이 발휘될 곳이 바로 권위주의적이며 수직적인 세대분리 예배의 현장이다. 어른들은 성육신적(케노시스적) 자세로 아이들을 섬기며 예배해야 하고, 더 나아가 우월한 위치에서 베푸는 태도가 아닌 아이들과 다른 세대들과 동역하며 그들에게 배우며 한 구성원으로서, 교회 공동체가 페리코레시스적인 예배를 드려야 한다. 한 세대가 다른 세대에 종속되어 예배하는 것이 아니라 3세대가 3위일체의 성부–성자–성령이 상호내주–상호침투하듯 영향을 주고받으며 예배하는 것이다. 삼위일체를 설명하는 '페리코레시스'는 그 안에서 인격들이 타자들과 관계를 맺으면서 각자의 정체성을 끌어내는 상호성의 관계를 묘사한다. 그것은 삼위일체의 위격들이 말 그대로 "자신들의 밖에 서서"(stand outside themselves) 신적인 상대들의 삶을 불러일으키면서 추는 희열에 넘치는 춤이다. 페리코레시스의 chorein은 '타자를 위한 공간을 만들다'라는 뜻으로 자기 비움 '케노시스'의 의미를 내포하고 있다고 볼 수 있다. 그것은 상호 간의 삶의 공유를 요구하는, 자신을 내어주는 상호 작용이다. 페리코레시스는 "영원불변한 하나님의 삶의 순환하는 성질을 담고 있다." 관계 맺기를 요구하고 그 관계를 더욱 깊어지게 하는, 이 유쾌한 하나님의 안무는 창조세계의 공동체 안에서 이루어지는 우리들의 역동적인 자기 이해에 영향을 미친다.

삼위일체적 신학 위에서 교회의 환대와 개방성은 세상의 비신앙인들을 향해서만이 아니라 교회 안의 장벽을 먼저 무너뜨리고, 교회 안의 수직적이며 권위적인 체계를 먼저 극복하는 것에서 시작되어야 하기에 그 대안으로의 세대통합예배 연구가 중요하다고 할 수 있다.

세대통합예배를 바라보는 시각을 그간의 예배방법론에서 삼위일체론적이며 성육신적인 관점으로 바꾸는 것에 있다. 교회의 본질을 회복함으로써 공동체적 구원을 강조하고, 선교의 영역을 공간에서 시간으로, 세상에서 가정으로 확장하며, 단순히 아이들과 함께 예배 드리는 특별한 프로그램이 아니라 교회의 본질로서 삼위일체적 예배로의 회복이라는 점에서 말이다.

구조는 신학을 따른다: 수평적 교회 만들기

하나님의 선교(Missio Dei)에서 정의하는 교회의 본질인 선교는 교회의 사업이나 프로그램이 아니라, 삼위일체 하나님 자신의 본질적 활동에서 비롯된다. 하나님은 스스로를 계시하고, 세상을 구원하기 위해 '보내시는' 분이다(요 3:16). 교회는 이 하나님의 선교에 동참하는 존재일 뿐, 선교의 주체가 아니다. 또한 기독교 신학의 정수인 성육신 신학(Incarnational Theology)이란 예수 그리스도가 '위에서 아래로' 강림하시어 사람들과 함께 하신 것(요 1:14)처럼, 교회도 세상 속으로 들어가 그들의 기쁨과 슬픔을 함께 나누는 '보내심을 받은' 공동체여야 한다. 이는 권위를 내세우는 방식이 아니라, 섬기고 사랑하는 방식으로 드러난다(막 10:45).

하나님의 선교와 성육신의 원리는 피라미드식 위계적 구조와 근본적으로 충돌한다. 성경에서는 교회를 '그리스도의 몸의 유기체적 본질'이라고 부르고 있기 때문이다.

"우리가 한 몸에 많은 지체를 가졌으나 모든 지체가 같은 기능을 가진 것이 아니니 이와 같이 우리 많은 사람이 그리스도 안에서 한 몸이 되어 서로 지체가 되었느니라"

– 로마서 12:4~5

바울은 교회를 머리(그리스도) 아래 각각 다른 기능을 가진 수평적 지체들의 공동체로 설명한다. 위계는 오직 그리스도에게만 있으며, 나머지 지체들은 상호의존적이라는 것을 잊어선 안된다(고전 12:12–27).

예수 그리스도께서 보여주신 성육신의 모델은 권력인 권위(위계)가 아닌, 사랑과 희생을 통한 영향력(수평)을 보여준다.

"너희 중에 누구든지 첫째가 되고자 하는 자는 모든 사람의 종이 되어야 하리라"

– 마가복음 9:35

만약 교회의 사명이 '세상 속으로 내려가는 것'(성육신)이고, 그 동력이 '하나님의 보내심'(Missio Dei)이라면, 교회의 구조는 기동성, 상황 대응력, 관계적 유연성을 갖춰야 한다. 위계적 구조는 정보와 권력이 상층부에 집중되어 변화에 느리고 경직된다. 반면, 네트워크형 수평적 구조(Alan Hirsch, 『The Forgotten Ways』)는 각 지체가 현장에서 즉각적으로 선교적 반응을 할 수 있도록 한다. 목회자는 교회성장학에서 말해온 '관리자'나 'CEO'가 아니라, 사역자를 세우고 동역하는 코치의 역할을 하게 된다.

> "너희는 택하신 족속이요 왕 같은 제사장들이요 거룩한 나라요 그의 소유된 백성이니 이는 너희를 어두운 데서 불러내어 그의 기이한 빛에 들어가게 하신 이의 아름다운 덕을 선포하게 하려 하심이라"
>
> *– 베드로전서 2:9*

성경은 선포하는 주체를 '제사장 된 백성' 전체로 규정하고 있다. 하나님의 부르심과 사역은 전문 클레릭(성직자)의 특권이 아닌, 모든 하나님 백성의 정체성과 소명이다. 성육신의 삶은 교회 건물 안이 아닌, 일상의 현장(직장, 가정, 커뮤니티) 에서 이루어진다. 따라서 그 현장에 파송된 '제사장'은 바로 그곳에 있는 평신도이다.

루터는 라틴어 '미사'를 독일어 '고테스딘스트'(Gottesdienst: 영어로 바꾸면 Divine Service다)로 바꾸어 놓았다. 하나님의 일하심, 하나님의 은혜와 말씀이 선포되고, 회심하게 하시고, 결단하게 하시고 세상으로 나아가 하나님의 동역자로 일하게 하시는 예배의 본질을 표현한다. 제사장은 바로 예배의 주체이신 하나님과 동역하며 예배의 시간만이 아니라 세상으로 파송되어 역사의 주관자이신 하나님의 계획을 이루는 일에 쓰임받는 것이다. 로마서 12장 1절에서 말하는 '예배'의 헬라어 '라트레이아'(λατρεια)가 의미하는 삶의 예배가 바로 그것이다. 쇼가 되어버린 예배의 관객으로 수동적인 예배를 참석한 그리스도인이 세상으로 나아가 능동적이며 주체적인 하나님의 동역자가 될 수는 없다.

Missio Dei는 하나님의 선교에 모든 성도가 주체적으로 참여함을 의미한다. 성직자 중심의 '사역 소비' 모델은 성도들을 수동적 관객으로 만들지만, 만인제사장주의는 그들을 선교의 활발한 실행 주체로 세운다. '평신도 사역의 동원'은 더 이상 선택이 아닌 생존과 복음 충실성의 문제로 인식된다. 선교적교회학자 레지 맥닐(Reggie McNeal)은 '선교적 교회'는 "세상 속에서 하나님과 함께 구속적인 선교사역에 참여하는 하나님의 백성이라"고 하였다. 교회의 선교적 효과는 전문 성직자의 수가 아닌, 일상에서 복음을 살아내는 평신도 제사장들의 수와 질에 직접적으로 비례한다는 것이다. 교회의 예배 '프로스 퀴네오'를 파송된 세상에서의 '라트레이아'로 이어가는 제사장 공동체, 그것이 바로 세대통합예배를 통하여 바뀌 나가야 할 교회의 구조이다.

Chapter 5
세대통합예배를 위한 준비

부모와 같이 예배 드리는 게 세대통합예배가 아니다

세대통합예배를 위한 준비기간은 충분히 길게 가질 필요가 있다. 왜냐하면 세대통합예배에 대한 가장 큰 오해가 '전교인 연합예배'를 세대통합예배라고 오해하는 경우가 많기 때문이다. 실제로 대다수의 교회가 특별 절기예배나 큰 행사가 있을 때 교육부서와 성인들이 합동으로 예배를 드리기 때문이다. 그러나 그것은 엄밀한 의미의 세대통합예배가 아니다. 앞서 이야기했듯이 세대통합예배의 신학적 근거를 '삼위일체 신학' 위에 둔 것은 조부모-부모-자녀 세대가 그저 한자리에서 예배를 드리는 것이 아니라 각 세대가 서로에게 영향을 주며 주체적으로 예배하는 것이 가장 큰 핵심이기 때문이다. 성인들의 예배 형식에 자녀세대가 종속되어 합류하는 것은 세대통합예배가 아니라 '전교인 연합예배'라고 부르는 것이 합당하다.

세대통합예배는 각 세대가 서로에게 영향을 주고, 성삼위 하나님의 '페리코레시스'처럼 함께 어우러지는 것에 중점을 두어야 한다. 그에 따른 예배 디자인이 새롭게 준비되어야 하며, 예배학적이며 조직신학적인 사전 준비 교육이 있어야 하는데 그것은 담임목사의 설교만이 아니라 '당회원 세미나'나 '교회학교 교사 세미나' 등을 통해 전교인에 대한 의식변화를 유도하는 과정이 선행되어야 하기 때문이다. 무조건적인 시행은 수십년 간 관행처럼 진행되어 왔던 분리예배를 옹호하는 교인들의 반발을 살 수 있으며, 자녀와 함께 예배에 참여해야 하는 부모들에게 충분한 준비기간을 주지 않을 경우 모든 가족이 함께 어려움을 겪게 될 가능성이 크기 때문이다. 아울러 사명감을 가지고 교회학교를 지켜온 교사들의 입장에서 다음세대 교육에 꼭 필요한 교회학교를 폐지하는 것으로 오해를 살 수 있다.

아래에서는 위르겐 몰트만(Jürgen Moltmann), 미로슬라브 볼프(Miroslav Volf), 다니엘 밀리오리(Daniel L. Migliore), 몰리 마샬(Molly T. Marshall)의 견해를 중심으로 세대통합예배를 삼위일체 교회론적 관점에서 살펴보려고 한다.

삼위일체 교회론에서 보는 세대통합예배

위르겐 몰트만에 따르면, 삼위일체론은 신앙을 불신앙으로부터 구분할 뿐 아니라 온갖 종류의 비기독교적인 하나님 이해로부터도 기독교 신앙을 구분한다. 기독교 신앙은 성부, 성자, 성령 사이의 살아 있고 역동적인 관계를 부정하는 추상적 일신론에 대항하여 삼위일체론을 전개한다. 삼위일체론은 성부, 성자, 성령의 구원의 역사로부터 출발한다. 몰트만은 구원의 역사를 삼위일체 하나님의 계시의 역사로 이해한다. 신약성서는 성부, 성자, 성령 사이의 관계를 이야기 속에서 선포함으로써 하나님에 관하여 말하고 있는데, 성부, 성자, 성령 사이의 관계는 곧 '교제'의 관계이며 이 세계를 향하여 '열려져 있는 관계'이다. 몰트만은 케노시스의 전통적 이론이 하나님의 자기 제한, 자기 소외, 자기비하라고 본 것에 비해, 안을 향한 하나님이 자기 제한은 밖을 향한 해제(frei-setzung)라는 것을 강조한다(Moltmann1 2017, 194).

성서의 이야기 속에서 하나님은 변화하는 관계 가운데 계신 세 분의 독특한 위격으로서 묘사되고 있는데, 그는 이를 '교제의 관계'라고 명명한다. 구원의 역사는 하나의 신적인 주체에 의하여 시행되는 것이 아니라, 다양한 유형 가운데 행동하시는 세 분의 구분되는 주체들에 의하여 시행되는 것이다. 그의 관점으로 볼 때 교회란 결국 삼위일체 하나님의 역사 속에서 피조물을 해방하는 하나님의 영화에 참여하고, 영의 활동을 통해 이런 일이 일어나는 곳에 있어야 한다.

몰트만은 교회를 일치된 공동체라고 부를 수 있는 근거가 위에서 말한 하나님 자신의 성부–성자–성령의 삼위일체적 사귐이라고 규정한다. 교회 공동체는 이를 모방하고, 이에 참여하는 것이다. 삼위일체와의, 그리고 삼위일체 안의 이 사귐은 제자들의 공동체에 이미 주어진 것이다(Moltmann2 2017, 143). 교회 공동체는 "생활로 실천되는" 삼위일체이다. 공동체 안에서는 삼위일체의 영원한 사랑과 일치하는 상호 간의 사랑이 실천된다. 이에 따라 몰트만은 삼위일체적 교회란 성령의 사귐 안에서 지배나 종속의 질서가 없는 인간의 사귐, 사랑에 의해 해방된 남자와 여자의 사귐이 이루어진다고 말한다. 우월도, 차별도 존재할 수 없는 형제의 공동체, 그것이 바로 교회이다.

다니엘 밀리오리는 하나님의 사랑은 성령의 권능 안에서 예수 그리스도를 통해 세상에 나타나며, 그러한 사랑을 실제적으로 경험하는 그리스도인의 삶 속에서 드러난다(롬 5:5)고 말한다. 기독교적 기도와 실천 속에서 우리는 성령에 의해 그리스도와 연합하며 삼위일체 하나님의 삶 속으로 이끌리게 되는 것이다. 그는 이것을 신자들의 '삶의 연합'으로 표현하며, 위격이 상이한 성부, 성자, 성령이 서로를 환영하고 서로에게 자신을 내어주는 예수 그리스도 안에 있는 하나님의 말씀과 인성의 연합은 자신을 비우는 겸허한 연합(kenotic union)이다. 케노시스(kenosis) 개념은 빌립보서 2:5 이하의 기독론적 찬송에서 유래한다. 겸허(문자적으로는 "자기 비움")는 강압에 의하지 않은, 자유로운 자기 제한과 자기 소모의 행동이다. 예수 그리스도 안에서 신성과 인성은 상호적으로 자기를 내어주는 사랑으로 연합되어 있다. 이는 성령안에서의 연합으로서, 여기에는 상호적인 자기 제한과 상대방에 대한 전적인 개방이 존재한다(Migliore 2017, 319).

헌신적이며 개방적인 사랑 안에서 온전한 하나 됨을 이루는 것이다. 밀리오리에 따르면 복음 이야기에서 하나님은 "성부", "성자", "성령"으로서, 또한 자유케 하며 화해시키는 사랑의 원천, 매개, 효력있는 약속으로 활동하신다(Migliore 2019, 136).

밀리오리는 교회가 하나님의 삼위일체적 사랑을 증언하고 그 사랑에 참여하는 일에 부르심을 받고 있다고 말한다. 하나님의 신비는 자신의 존재를 타자들에게 내어주고, 자신의 삶과 권능을 그들과 함께 나누며, 사랑 안에서 서로 주고받는 관계로 계신다. 따라서 몰트만의 삼위일체적 공동체와 마찬가지로 밀리오리의 삼위일체적 교회는 인간사회의 분리를 유발하는 모든 개인주의, 계층주의, 인종주의, 성차별주의를 극복하는 결속과 우정의 관계로 새로운 공동체의 출발이 되는 것이다. 이것이야말로 교회 안에서 분리를 지속시키는 '다름'에 대한 '차별'과 '종속'의 악순환을 끊어버리고, 통합을 이뤄낼 수 있는 근거가 된다. 그는 성령의 권능 안에서 이전에는 극복할 수 없는 장벽을 무너뜨리며 새롭게 창조된 공동체가 삼위일체적 교회라고 말한다.

몰리 마샬은 저서 '성령의 초대에 응답하라'에서 성육신 신학의 자기 내어줌(케노시스)의 관계 안에서 영원히 거하시는 삼위일체 하나님은 창조와 구속의 경륜 안에 모든 피조물을 포함시키기로 선택하신다고 한다. 하나님의 자발적인 자기결단으로 이루신 창조에서부터 스스로 개입하여 이루신 구속이 사역에 이르기까지, 모든 피조물은 하나님의 삶의 운동 안에서 맥락을 갖는다. 또한 위르겐 몰트만의 열려 있고 초청하시는 삼위일체의 개념과 관련하여 세상과 함께 하는 하나님의 역사는 삼위일체적이며, 이 삼위일체는 열려 있어서 창조세계 전체가 그것과 연합될 수 있으며 그 안에서 하나가 될 수 있다고 말한다. 우리를 초대하시는 '하나님의 개방성' 속에서 이루어지는 이 변화가 몰트만이 주장하는 교회의 본질이라는 것이다. 이 진정한 교회의 본질은 삼위일체적이며 성육신적인 예배와 교제 속에서 이루어져 갈 수 있다는 것이다.

미로슬라브 볼프는 그의 저서 '삼위일체와 교회'에서 최근 50년간

교회가 보여온 '과잉–개인주의(turbo–individualism)'에 대해 지적한다. 오늘날의 개인주의가 광폭하게 지배적인 소비주의, 행위 지향적 율법주의, 적대적인 민족주의 등에 의해 악화되고 있다는 것이다. 이것은 교회의 정체성을 심각하게 위협하고 있는데 왜냐하면 교회는 하나님의 삼위일체적 삶 속에, 즉 자신을 내주는 사랑으로서 불경한 이들을 구원하시고 이들을 하나님 자신과의 교제로 이끄는 삼위일체적 삶 속에 뿌리를 박고 있기 때문이다(Volf 2012, 16). 그가 말하는 그리스도인의 삶이란(1) 동등한 이들의 공동체 속에서 사는 것이며,(2) 교회와 교회의 구성원들이 하나님이 자기를 내주는 사랑을 본받을 수 있게끔 그리스도의 성령에 의해서 힘을 받아야 하며,(3) 관대함과 용서 그리고 원수 사랑의 실천을 요구한다. 세대통합예배에 있어서 가장 중요한 부분이 바로 교회란 연령, 성별, 인종에 차별되지 않는 동등한 이들의 공동체라는 것을 강조한다는 점이다. 이것이 바로 삼위일체적 교회론이 세대통합예배를 드리는 교회의 근거가 되는 점이다.

볼프는 삼위일체에 대한 바르고 적합한 이해가 교회 안의 개인과 공동체 사이의 관계를 바르게 세울 것이라고 강조한다. 그리고 이것은 삼위일체가 단순히 교리적인 부분이 아니라 오늘 우리가 교회란 무엇인가에 대해 재정의하고 새로운 교회의 모습을 이야기할 때 꼭 필요한 뼈대를 세울 것이라고 믿고 있다. 그런 과정을 통해 그가 악으로 규정하는 개인주의와 권위주의들이 교정될 것이라고 말한다. 더 나아가 볼프는 신앙이란 삼위일체 하나님을 믿는 것이기 때문에 신앙은 실제로 항상 '공동-신앙'(co-faith)이라고 말한다. 한 인간이 믿는 하나님은 삼위일체 하나님이며, 그래서 삼위일체 하나님은 자기 폐쇄적 통일성이 아니라 신적인 세 위격들의 공동체로서 이것은 신적 공동체를 말한다. 삼위일체 하나님과의 사귐은 신앙 속에서 자신의 실존을 동일한 하나님에게 굴복시킨 다른 모든 인간들과의 사귐이기 때문에 삼위일체적 신앙은 공동체가 되는 것을 의미한다. 공동의 신앙이 발현되는 과정 역시 무척 중요한데 그것 역시 삼위일체적인 발현, 즉 상호내주-상호침투하는 과정이어야 한다.

세대통합예배에 있어 가장 중요한 점이 바로 세대들 간에 서로의 차이를 인정하고 배려하며 세워주는 케노시스적이며 희생적인 자세이다. 개인주의와 권위주의가 신앙공동체를 분열시켜왔다는 주장대로라면 그것을 극복해내는 방법은 삼위일체를 논의했던 앞부분에서도 강조했듯이, 하나님의 본성은 자기를 내어주고 타자를 긍정하며 공동체를 세우는 사랑이다. 하나님의 영원한 삶 안에는 "성령"의 연합하는 사랑 속에 "성부"와 "성자" 사이에 상호 작용과 교환이 이루어진다. 삼위일체 하나님의 일치는 호혜적으로 자기를 내어주는 사랑의 연합인 것이다.

몰트만은 '하나의 회집된 공동체'로서의 교회의 사건을 예배라고 부른다. 왜냐하면 하나님은 말씀이 선포되고 성례전이 행해지는 자리에서 비로소 그의 흩어진 백성들을 '하나의 회집된 공동체'로 부르시며, 교회는 그 자리를 통해 신앙적 연대와 인격적 결속, 공동체적 화해와 평화를 온전히 경험하기 때문이다(Moltmann3 2017, 126). 다시 말해 교회는 신앙공동체로서 '하나의 회집된 삼위일체적 공동체'로 존재해 가도록 지속적인 실천을 해야 한다. 교회가 그간 여러가지 이유를 들어 예배를 기준으로 세대별로 분리되었던 상태를 극복하고, 다양한 세대들이 같은 공간에서 함께 예배를 드리기 시작하는 것은 몰트만이 말한 하나님의 신비에 초대받고 그 신비를 구현해 내는 교회로의 출발점이 되는 것이다.

하나의 메시지를 다양하게 실천하는 교회 공동체

또한 세대통합예배에 있어 예배의 형식은 전통예배의 형식을 따르지만, 그 안의 내용은 각 세대를 고려하여 디자인되어야 한다. 가장 큰 문제가 예배 전체에서 큰 비중을 차지하는 설교인데, 세대통합예배 설교의 가장 좋은 모델은 예수 그리스도의 설교이다.

두 가지로 나눌 수 있다.

첫 번째는 '그림언어'를 사용하는 비유이다

어른들이나 청소년은 설교노트를 이용하여 글로 적지만, 어린 아이들은 스케치북에 그림으로 설교의 내용을 담게 되는데 머리 속에 이미지를 떠올리는 것을 도울 수 있는 그림언어를 이용한 설교가 매우 유용하다. 예수께서는 "공중의 새를 보라 … 들의 백합화를 보라"(마 6:26~28) "나는 포도나무요 너희는 가지라"(요 15:1~5) "선한 목자 비유"(마 13:3~9) 등 각종 비유를 통해 설교하셨는데 스토리텔링의 중점적인 부분이 바로 이미지화 시킬 수 있다는 점이다.

두 번째는 '질문'을 이용하는 설교의 방법이다

예수께서는 설교 후 회중들에게 "너희는 나를 누구라 하느냐?"(마 16:15) "이 세사람 중 누가 강도 만난 자의 이웃이 되겠느냐?"(눅 10:36) 등과 같은 질문을 던짐으로써 답을 하는 과정을 통해 깨닫게 하셨다. 단순히 청취하는 것으로 끝나면 그것은 회중을 관객의 자리에 서게 하지만, 설교자의 질문에 대답을 준비하면서 회중은 그 설교의 한 주체로 자리매김할 수 있게 된다. 거기에서 한걸음 더 나아가 정해진 답이 있는 폐쇄적인 질문이 아니라 각자 다른 대답을 할 수 있는 '열린 질문'을 던짐으로써 예배 후 소모임에서 메시지를 나누는 시간이 더 풍성해질 수 있음도 질문형 설교의 장점이라고 할 수 있다. 세대통합예배에 있어서 질문을 이용하는 설교는 집중시간이 짧은 자녀세대에 매우 유용할 뿐 아니라 자녀들에게 조언을 해줘야 하는 부모세대-조부모세대에게도 같이 답을 찾게 만들고 그 대답을 가족들이 함께 공유하고 공감하게 만들어 교회에서 가정으로 이어지는 연장선상에서 신앙의 문제를 다루게 한다. 세대통합예배는 교회와 교인들과 목회자의 이러한 충분한 준비과정을 거쳐 진행될 때 교회 공동체의 본질을 회복하는 그 역할에 걸맞는 예배가 될 것이다.

세대통합예배는 모든 교인들이 함께 예배하며 담임목회자의 설교를 함께 듣고 각자 받은 은혜대로 노트와 스케치북 등에 남긴 내용을 나누는 시간을 통하여 하나의 메시지로 한몸 공동체의 정신을 갖도록 만들어준다. 이것은 소수의 인원들을 분리예배로 더 작은 소수로 만들어 공동체성을 손상시키는 기존의 문제들을 지양할 수 있는 훌륭한 대안이 될 수 있을 것이다.

중소형 교회학교 중 담당 교역자가 없는 교회들의 경우에는 담임목사의 설교내용을 미리 전달받고 그에 따른 짧은 질문 3, 4가지를 적은 '소그룹 나눔지'를 준비하여 예배 중 설교에 집중시키는데 도움을 줄 수 있다. 또한 예배 후 소그룹 모임에서 그 내용들을 함께 나누면서 질문과 대답의 시간을 가지며 개별적인 의견을 묻고 서로의 생각을 들어보며 한 메시지를 받은 한몸공동체의 시간을 갖게 될 것이다.

교회 공동체의 규모에 따라 목회의 성공을 재단하는 한국 교회 현장에서는 중소형 교회의 목회자나 교인들이 위축되는 경우도 있다. 그러나 교회 공동체의 가장 원형적인 공동체의 모습은 가정에서 출발한 작은 교회였음을 기억할 필요가 있다. 공동체의 규모가 중요한 것이 아니라 앞서 여러차례 강조했듯이 과연 부름받은 목적대로 사역하는 공동체인가가 교회를 바라보는 기준이 되어야 한다.

지상명령을 실천하는 교회의 신앙고백으로서의 세대통합예배

선교적 교회 운동의 창시자라고 할 수 있는 레슬리 뉴비긴(Lesslie Newbigin)은 교회는 하나님께서 성령의 인도를 받아 이 세상에서 어떤 임무를 수행하도록 파송하였기 때문에 본질상 선교적이며, 이 세상에서 성령의 인도하심을 받고 성령에 의해 가르침을 받음으로써 온전히 활동적이고 구속적인 하나님 나라의 통치 안에 살 수 있다고 주장한다.

뉴비긴이 말하는 교회가 부름받은 목적에 가장 충실했던 가장 원형적인 공동체는 사도행전과 서신서에 나오는 1세기 교회일 것이다. 신약 학자 로버트 뱅크스(Robert J. Banks)가 지은 『1세기 교회 예배 이야기』에서는 초대교회의 모습을 성경적 상상력을 동원하여 마치 드라마처럼 펼쳐 보여주고 있다. 로마 군인 푸블리우스의 시선으로 바라본 초대교회의 모습은 이방인을 따뜻하게 맞아주고 여자와 남자, 어린이와 어른, 종과 주인, 먼저 온 사람과 나중에 온 사람, 신자와 불신자 같은 일체의 차별이나 구분 없이 함께 이야기하고, 먹고 마시며 격의 없이 토론하고 노래하는 사제나 특별한 의식 없이 일상의 맥락에서 진행되는 꾸밈없는 예배이다. 세대통합예배의 원형은 구약의 이스라엘 공동체와 신약시대 1세기 교회에서 찾을 수 있을 것이다.

모든 교회는 기본적으로 지상명령인 선교를 위하여 부름받은 공동체이며, 선교적 교회에서 말하는 교회의 본질은 성령께서 이 세상에서 활동하신 행함으로 인한, "선교적 공동체"로 살아가도록 성령에 의해 창조된 하나님의 백성이다. 20세기에 들어설 때까지 신학계에서는 선교를 기본적으로 실천신학의 여러 영역 중 하나로만 취급했다. 대럴 구더(Darrell L. Guder)는 근대 제국주의 식민지 지배의 역사와 함께 해온 서구 기독교세계의 선교활동에 대해 비판하며 칼 바르트의 견해를 인용하여 선교라는 개념이 보내는 과정으로서 삼위 하나님의 상호 관련성, 즉 아버지가 아들을 보내고, 아버지가 아들과 성령을 보내는 것 같이 보내는 과정을 기술하기 위해 되었음을 소개하며 선교는 "지금 여기서 부르시는 주님의 명령"에 순종하는 문제임을 강조한다. 바르트의 주장대로 '교회'란 선교라는 행위를 위해 부름 받은 사람들의 공동체라는 것이다. 즉, "교회가 중심이 된 선교"에서 "선교가 중심이 된 교회"에로의 변화의 문제이다.

제2차 바티칸공의회에서 채택된 선교적인 교회론의 문구대로 "지구상의 교회는 본질적으로 선교적"이라는 주장을 통해 구더는 "선교적 신학"을 이야기하고 있다. "선교는 사역이고, 신학은 말씀이다"라는 식의 구분에 대해 잘못된 것임을 지적하고, 오히려 선교는 보냄받은 교회가 세상을 향해, 신학은 교회를 위해 행하는 봉사라고 정리한다 선교에 대해 기능적으로 이해할 때는 교회의 사역 중의 하나로 취급되지만, 하나님의 본성이 선교적이며 이 세상에 존재하는 하나님의 백성인 교회는 본래부터 선교적 교회임을 강조한다. 교회는 성령께서 하나님의 구별된 백성으로 살아가도록 창조하시고, 인도하시고, 가르치시는 것처럼 성자의 구원사역에 전적으로 참여해야 하며, 그로 인해 선교는 교회의 기능 중 하나가 아니라 교회의 핵심적 본질인 것이다.

선교적 교회의 핵심사상인 "하나님의 선교"는 그리스도 안에서 "이미"(already) 성취된 하나님의 행위와 하나님이 이미 시작하고 약속했지만 "아직"(not yet) 성취되지 않은 긴장 가운데 있다. "하나님의 선교"는 성자를 보내시는 성부 하나님, 성령을 보내시는 성부와 성자 하나님이라는 고전적인 '하나님의 선교' 교리가 또 하나의 보내심을 포함하도록 확대되어, 성부와 성자와 성령 하나님께서 교회를 세상 가운데 보내시는 것이다. 바로 그 선교적인 공동체를 만들어 가는 것이 신약성경에 반복되어 기록된 명령이며, 그 구체적인 대안이 하나님의 선교(Missio Dei)에 대해 "부르심에 합당하게 행하는" 공동체이다. 하나님의 목적이 있는 부르심을 의미하는 "소명"(Vocation)이야말로 선교적 교회를 규정짓는 것인데, 하나님의 부르심은 단지 부름을 받은 자들–교회안에 들어온 자들–만이 아니라 온 세상을 구원하시려는 하나님의 목적이다. 그것이 바로 증인의 사명을 수행하기 위해 부르심을 받은 교회의 소명이다.

구더는 "부르심에 합당하게 행하는" 공동체에서 강조점은 모이는 교회를 강조하는 것이 문제가 아니라, '흩어지는 교회'에 대한 부분의 강조이다. 기독교세계의 종언은 우리가 살아가는 교회 문밖, 즉 세속화되고 후기 기독교적인 세상에서 어떻게 선교적 공동체로 살 것인가에 대해 관심해야 한다. 우리의 선교 현장이 바로 그곳이며, "만일 모이는 교회가 제자도(discipleship)를 가르치는 곳이라면, 보내는 교회는 사도직(apostolate)을 가르치는 곳"이기 때문이다. 그는 모이는 것이 즉시 보냄과 흩어짐으로 이어지며, 이것이 선교적 교회, 선교적 공동체의 모습이어야 한다고 말한다.

소비주의와 개인주의에 치중된 교회들의 예배는 사람들을 끌어들이기 위한 흥미를 유발하고 소비자의 위치에서 관객처럼 참여하는 쇼(show)와 같은 예배이며, 삶과 분리된 한시적이고 제한적인 예배로써 제자의 삶과 유리된 종교적 예배이다.

하나님의 부름 받은 공동체인 교회는 삼위일체신학과 성육신 신학의 세대통합예배를 통해 교회의 수직적구조를 수평구조로 변화시키고 폐쇄적인 구조를 개방적으로, 이기적이고 권위적이며 개인주의적이고 소비주의적이던 예배를 개방과 낮아짐, 환대와 배려의 가치가 중요한 선교적 교회의 예배로 변화시키게 될 것이다. 단순히 어른과 아이가 함께 하는 예배가 아닌, 특히 한국교회의 특징인 유교적 문화에서 비롯된 중년 남성들이 주축으로 이끌어가고 회중들은 수동적으로 참여하는 예배가 아니라, 남자와 여자, 아이와 어른, 직분과 사회적 위치 같은 권위적이며 수직적인 구조를 이뤄오던 요소들을 무너뜨리는 선교적 교회로의 전환을 이끌 수 있는 예배로 말이다.

Chapter 6
세대통합예배를 드리는 교회
다섯 교회의 사례

① 목포 창조교회

목포 창조교회는 2014년부터 매 주일마다 성인교인과 어린이가 같이 예배를 드리는 세대통합예배를 드리고 있다. 세대통합예배를 시작한 김경윤 목사는 세대통합을 통하여 장년의 신앙의 깊이가 다음세대에 전수되고, 다음세대의 신앙의 열정이 장년에게 옮겨지는 것을 교회가 경험하면서 세대 간의 이해와 영적 성장을 이뤄가고 있다. 김경윤 목사는 그의 논문에서 세대통합예배의 가장 큰 유익이 공동체의식 강화라고 말한다.

> "세대통합예배를 실행함으로써 교회 성도들은 자신과 자신의 가족을 넘어서서 모든 성도들에게 하나님의 구원이 주어진다는 것을 인식하기 시작했다. 교회는 그리스도의 몸이다. 각 신자는 교회 공동

체를 형성하기 위해 자신들이 가진 작은 지체가 연합하고 사랑해야 하는 그리스도의 몸이다. 그리스도의 몸인 창조교회는 영유아, 소년 소녀, 젊은이와 노인이 모두 함께하는 정체성을 가져야 한다. 각 개인은 개성, 성품, 지식, 능력은 다르지만, 함께 그리스도의 몸으로 찬양하고, 함께 성경을 읽고, 함께 기도하고, 함께 설교를 듣고, 함께 성찬에 참여함으로 하나의 통일적인 유기체를 형성한다(갈 3:28). 한 고등학생이 세대통합예배에 익숙해지면서 고백했다: "나는 세대를 불문하고 참석하는 이 공동체의 일원인 것 같다"

예배 중 설교 메시지는 장년에게 맞춰지나, 스토리 중심의 설교를 진행하고, 점심 공동 식사 후, 소그룹 모임들을 통하여 성경공부, 교회학교를 진행하고 있다. 교회학교로 소모임을 해서 다시 연령에 맞는 나눔의 시간을 통해 공동체 전체가 같은 메시지를 공유하도록 하는 것이다. 존 웨스터호프 3세는 유아와 학령전의 아이들이 처음에는 교회 공동체를 통한 경험을 통해 신앙을 배우고, 이어 어린이와 초기 청소년기에는 교회 공동체에 소속됨을 통해 가입된 공동체의 문화 속에서 신앙적 정체성을 깨닫고 소속됨(belong)을 확인하며, 청소년기에 이르러 여러 것들에 대해 회의하며 신앙을 찾는 단계에 이르고, 성인이 되면 교회 공동체를 통해 자신이 소유한 신앙(owned faith)을 갖게 된다고 한다. 이런 면에서 유아와 학령기 이전의 아동, 초등학교 어린이와 초기 청소년 학생들까지도 함께 공통의 메시지로 예배하는 창조교회의 세대통합예배는 자연스럽게 이런 경험의 신앙, 가입의 신앙을 형성할 수 있는 좋은 기회가 되고 있다.

② 세대로교회

세대로교회는 2002년 개척 초기부터 세대통합예배에 관심을 갖고 시작하였다. 담임목회자인 양승헌 목사는 어린이 선교회라고 불리는 파이디온 선교회를 오래 동안 이끌었고 늘 다음세대교육에 관심을 두고 있었다. 세대로교회는 대한민국 서울특별시 송파구에 위치한 배명중고등학교 강당에서 개척되었고, 강당에서 예배드리며 학교의 공간을 주일에만 빌리는 것은 기존교회의 문제인 남녀, 신도회, 교육기관 등의 공간을 통한 분열이 이루어지는 것을 미연에 방지한 효과가 있었다. 그 결과 모든 공간을 공유의 개념으로 사용함으로써 '교회는 한 몸 공동체'라는 개념을 교인들에게 심어주었다.

이 교회는 세대통합을 위한 투 트랙의 예배를 시도하고 있는데, 1년에 여섯 번 정도 특별한 절기에 드리는 온가족예배와 매주 드리는 오렌지예배가 그것이다. 전자의 경우 온 가족이 처음부터 예배를 마치기까지 참여하는 예배이고, 후자의 오렌지예배는 그 외 매주 온 가족이 함께 예배에 들어와 유치부, 유년부, 초등부 자녀들을 위한 다음세대 설교가 끝난 후, 장년은 남고 자녀들은 각각의 교육부서로 흩어지는 예배 형태를 취한다.

'오렌지예배'의 명칭은 레지 조이너의 책 '싱크오렌지'에서 착안한 것으로 다음세대가 건강하게 자라게 하는데 하나님과의 관계 형성이 매우 중요하고, 그 일에 가장 큰 영향을 주는 것이 부모라는 점에서 그 사랑을 빨간색, 그리고 교회에서 가르치는 진리를 노란색, 그 두가지가 합쳐진 오렌지색깔의 에너지가 중요하다는 의미에서 지어졌다고 한다.

세대로교회의 세대통합예배의 구조와 순서는 다음과 같다. 먼저 다함께 사도신경으로 신앙을 고백한다. 이어 다함께 찬양과 경배의 시간을 갖는데 매주 차이는 있겠으나 주로 젊은이들과 장년층이 즐겨 부르는 복음성가 위주로 찬양이 구성된다. 다음으로는 대표기도 순서가 있다. 대표기도는 직분자들이 담당하고, 헌금 봉헌 순서는 가족들이 돌아가면서 담당하는 것이 이 교회의 특징이다. 즉 부모와 아이들이 헌금 위원이 되어 봉헌을 돕고, 담임 목사는 헌금 기도 후 봉헌한 가족들을 위해 축복기도를 한다. 온 가족이 함께 봉헌에 참여하면서 아이들도 예배의 구경꾼이 아니라 능동적 참여자라는 무언의 메시지를 받을 수 있다. 신앙의 형성 과정에서 공동체의 유기적 상호관계가 잘 드러나는 부분이다.

바로 위와 같은 상황을 웨스터호프는 기독교 공동체에서 신앙에 이르는 과정인 '문화화'(enculturation)라고 부른다. 문화화란 단순히 환경과 경험, 타인의 행동이 사람들에게 영향을 미친다는 의미에서만 사용되지 않는다고 강조한다. 그 대신 문화화란 "모든 연령간 상호 작용 과정을 강조한 것"이다. "사람들이 자기 생각과 삶의 방식을 전달하고 습득하며 유지하거나 바꾸고자 행동하는 쌍방향적 경험과 환경에 초점을 맞춘다. 문화화에서는 한 사람을 적극적 행위자로, 다른 사람은 수동적 수혜자로 이해하지 않고, 두 개인을 모두 적극적 행위자이자 주도자, 반응자로 이해한다.

③ 금당 동부교회

금당 동부교회는 교회의 표어인 "교회의 영광성을 회복하는 교회, 다음세대를 준비하는 교회"에서부터 정체성을 나타낸다. "가정 같은 교회, 교회 같은 가정"이라는 교육과 예배의 기획 주제 속에서 개척 첫 주일 예배부터 세대통합예배를 시작했다. 세대통합예배의 핵심은 능동적이며 적극적인 참여라고 여기고, 유아실을 예배당 뒤쪽이 아니라 강대상 좌측에 설치했다. 어린 유아들과 어린이들을 돌보는 부모들 역시 적극적인 예배참여자로 세우기 위해서였다. 대한민국 전라남도 순천시 해룡면에 위치한 금당 동부교회는 전국에서 가장 인구가 많은 해룡면내의 신도시인 금당지구에 개척되었고, 농촌지역의 일반적 세대불균형과 다르게 신도

시의 특성상 학령자녀를 둔 세대들이 많이 집중된 곳이기에 세대통합예배의 효과가 컸음을 알 수 있다.

개척 초기 3년간은 세대통합예배의 성경적 근거와 필요성에 대해 담임 목사인 장철근 목사가 직접 교육하고 홍보하는 과정을 거쳤다. 사실 예배의 변화, 교육 체계의 변화는 성도들이 가장 민감하게 반응하기 쉬운 부분이다. 토마스 롱(Thomas Long)이 현대 예배 상황을 "예배 전쟁"이라고 표현할 만큼, 오늘날 교회의 예배 문제는 아주 민감한 영역이기 때문이다.

봉헌의 경우 예배 시작 전 예배당 입구에 비치된 헌금함을 이용하고, 기도가 끝나면 봉헌위원이 봉헌송과 함께 강단으로 올라가 봉헌한 후 함께 기도에 참여한다. 찬양대의 경우 1–3째 주일은 성인 찬양대가 서고, 나머지 주일은 아동부, 중고등부 찬양대가 준비하되 전 학생들이 참여하는 것을 원칙으로 한다. 전 학생들이 주일 오전예배 찬양대에 참여함으로 세대가 함께 연합하지만, 혼합이 아니라 서로에게 영향을 주도록 디자인된 이상적인 세대통합예배의 모습을 가시적이고 상징적으로 보여 준다. 이것은 세대가 서로 갈등을 일으키는 원인 중 하나인 세대 간의 우열을 나누고, 종속을 강요하거나 객체로 전락시키는 상황에 대한 세대통합예배를 통한 해결방안이기도 하다.

세대통합예배의 장점 가운데 하나인 세대갈등을 치유하는 장으로서의 역할을 볼 수 있다. 사회심리학자들이 말하는 세대 간의 갈등 원인은 세가지로 크게 나눌 수 있다. 첫 번째는"현실적 집단 갈등이론(theory of realistic intergroup conflict)"으로 각 세대가 각기 다른 목표를 갖고 제한된 자원을 놓고서 현실적인 갈등을 일으킨다는 것이다. 두 번째, "사회적 정체성 이론(social identity theory)"에서는 세대 간 인지적 차이 때문에 갈등이 생긴다고 본다. 세 번째는 세대 간의 교류 부족으로 인해 발생하는 오해에서 오는 일시적 현상이라는 해석이다. 세대분리가 당연시되고 일상화되는 사회와 다르게 교회 안에서는 세대통합예배를 통한 세대의 교류가 세대 갈등을 치유하는 대안이 될 수 있다는 것이다.

주일 오후에는 찬양과 간증 등의 순서가 들어가 있으며 가족 간의 위로와 축복, 권면들이 오고 가도록 진행한다. 찬양팀에는 초등학생에서 성인까지 누구나 참여할 수 있다. 공예배 자체가 세대통합예배로 드려지지만, 금당동부교회에도 주일학교는 존재한다. 매주 오전 10시에서 11시까지 유아부, 유치부, 아동부, 중고등부까지 모두 각자의 모임 장소에서 부서 교육이 진행된다. 주로 설교에 대한 이해 및 적용 등을 나누며 특별활동을 진행한다. 어린이들이 교회학교에 참여하는 동안 부모들은 식당이나 친교실에서 교제를 나누며, 대부분 성도들은 오후 성경공부까지 참여하고 집으로 돌아간다(현유광 외 3인 2018, 67).

④ 당진 동일교회

2009년 5월부터 아침 1부를 통하여 세대통합예배를 시행했고, 이후 예배 출석률이 증가하게 되었다. 2015년에는 중고등부의 학년제를 폐지하고 교구제로 전환하여 연령대가 다양한 학생들이 교구를 형성하게 되었고, 이후 중고등부 출석률이 200퍼센트 증가하게 되었다. 동일교회의 특징은 바로 가족 중심의 교회(family church)인데, 지역별로 교사를 세워서 평일에도 어린이들과 자주 만나도록 하고, 주일 아침에는 교사들이 어린이들을 직접 챙겨서 데리고 오는 시스템을 구축하였다. 당진이라는 지역의 특성상 학년별로 분화된 주일학교 시스템보다는 권역별로 나누어진 시스템이 심방과 출석에 보다 효과적이었고, 이후 1부 예배는 어른들과 전 학생들이 함께 예배하는 세대통합예배로 발전하게 되었다.

동일교회의 독특한 반 구성은 교육학적인 이론으로도 지지될 수 있다. 비코츠키(Vygotsky)는 근접발달영역(Zone of Proximal Development, ZPD)이론을 통해서 어린이들은 선생님들과 위 사람과의 교제와 교류를 통해서 자신의 능력보다 진보된 학습 능력을 가질 수 있다고 주장한다. 동일교회의 시스템은 지역별로 반을 나누고 여러 연령대의 어린이들을 가족 개념으로 한 그룹 안으로 통합시킴으로써 나이가 많은 학생들은 어린 학생들을 돌보며, 학습을 도와주면서 자기의 지식을 보다 확장시킬 수 있고, 어린 아이들은 선생님과 선배들과의 협동 학습을 통해서 보다 빠른 이해와 학습능력의 발달을 경험할 수 있는 것이다. 기존의 교회학교의 학교–교수 모델이 인지발달론에 근거하고 있다면, 동일교회의 근접발달이론에 근거한 교회학교 모델은 세대통합예배를 드리는 교회에서 적용할 때 더 큰 효과를 거둘 수 있으리라 보여진다.

'근접발달영역'이란 아동의 잠재적 발달영역에서 혼자 독립적으로 해결할 수 있는 부분인 실제적 발달영역을 제외한 부분이라고 할 수 있다. 즉 '근접발달영역'이란 아동이 혼자서는 해결할 수 없으나 성인이나 뛰어난 동료와 함께 학습하면 성공할 수 있는 영역을 의미한다. ZPD개념에 기초하면 어른과 능력 있는 동료는 아동이 지적으로 성장하는 데 필요한 요소를 지원하는 안내자 혹은 교사의 역할을 수행한다.

⑤ 미네소타주 베들레헴 침례교회

존 파이퍼 목사가 2012년까지 목회했던 미네소타주 미니애폴리스에 위치한 베들레헴 침례교회의 경우 주일 예배 시간에 어린이 설교 시간을 따로 운영하지 않는 세대통합예배를 진행했다. 파이퍼 목사는 세대통합예배의 의의에 대해서 이렇게 이야기한다.

"가족이 함께 예배하는 것은 현시대 흐름인 가족 해체에 역습을 가하는 것이다. 정신없이 바쁜 현대인의 삶은 가족이 함께하는 의미있는 일에 시간을 거의 내지 못한다. 일주일 내내 또는 한 해 내내 가족이 함께 가치 있는 활동을 함으로써 드러나는 선한 영향력은 과하게 평가해도 지나치지 않다. 예배는 인간이 할 수 있는 가장 가치 있는 일이다. 4세에서 17세 사이에 엄마와 아빠와 함께 하는 650번의 예배를 통해 축적된 효과는 헤아릴 수 없을 만큼 엄청나다."

파이퍼 목사는 부모세대가 자녀세대에 대한 전적인 책임을 가지고 신앙교육을 해야하며, 가장 좋은 양육의 장은 함께 예배하는 자리라고 말한다. 특별히 모범적인 모델이 될 것을 강조하는데, 하나님을 만나는 부모의 마음 자세와 태도를 자녀들에게 보여주어 인격과 성격 발달의 중요한 시기의 자녀들에게 영향을 미칠 것을 주문한다. 그것은 설교의 시간에도 이어져 경청의 태도와 자세를 통해 설교의 내용 중 상당수를 자녀들이 이해하지 못하더라도 예배 속에서 주목할만한 것을 기억하게 만든다는 것이다.

베들레헴 침례교회의 세대통합예배는 주일 당일에 교회에서 드리는 공예배 한시간으로 끝나지 않는다. 주일 설교 본문을 미리 공지하여 주중에 자녀들과 그 본문을 거듭 읽게 하여 예배를 준비시키고, 지난 주일의 공예배에 대한 이야기를 주중에 나누도록 권면한다. 가정에서 찬송가나 예배 찬양을 미리 자녀에게 가르쳐서 아이가 예배에 적극적으로 참여할 수 있게 하고, 자녀가 스스로 헌금을 가져와서 직접 헌금함에 넣게 하는 등 적극적이며 능동적인 참여자가 되도록 지도한다.

자녀들이 예배 후에 담임목사와 악수하거나 교회학교 모임에서 담임목사와 대화하는 등 자녀들이 목회자와 친분을 갖게 만든다. 이것은 모두 설교자와의 친밀감, 설교 내용과의 익숙함을 통해 설교 시간에 집중하도록 하는 사전 노력이며, 설교 중 "설교 받아 적기"를 실시하여 자녀들이 예배에 온전히 참여하도록 돕는 것이다. 더 어린 자녀들의 경우에는 설교의 내용을 그림으로 그릴 수 있는 스케치북을 사용하게 하고, 교회 갈 때만 사용하는 특별한 가방에 성경, 노트, 스케치북과 색연필, 헌금 등을 미리 준비하게 한다. 예배의 시작은 가정부터이며, 평일부터이고, 사전에 목회자를 비롯한 공동체와 얼마나 친밀도를 쌓느냐가 중요하다고 강조한다.

정리해보자면, 세대통합예배로 유명한 다섯 교회의 예배를 고찰해 본 결과, 세대통합예배는 정형화된 한가지 틀이 존재하는 것이 아니라, 허쉬와 프로스트가 말했던 선교적 교회의 특징이라고 할 수 있는 지역성(locality)에 따라 각각 다르게 변형되었음을 알 수 있다. 예배성장학에서 소비주의의 일환으로 판매되던 이렇게 하면 교회가 성장한다는 식의 예배방법론의 상품과 다르게 철저하게 지역적인 고찰과 고민이 반영되어야 한다는 것을 알 수 있다.

사례로 든 교회들의 주일 공예배를 자세히 분석해보면, 예배의 순서 자체는 기성교회와 크게 다르지 않지만, 공통적으로 강조하는 점이 있다. 그것은 "능동적 참여"(active participation)이다. 제2차 바티칸 공의회의 공식 문서인 전례헌장에서 강조하는 것이 바로 '예배에 대한 능동적 참여'이다. 전례 헌장은 제2차 바티칸 공의회가 가장 먼저 발표한 문헌이다. 트리엔트 공의회의 폐막 400주년(1563년 12월 4일 폐막) 기념일인 1963년 12월 4일에 제2차 바티칸 공의회 주교들은 전례헌장을 표결에 붙인 결과, 2147표의 찬성과 4표의 반대라는 압도적인 지지를 얻어 교황 바오로 6세의 서명과 함께 발표하였다. 제1장은 전례 쇄신의 바탕이 되어야할 신학이 압축되어 있는 장이다. 교회는 "모든 신자가 전례 거행에 의식적이고 능동적이고 완전한 참여를 하도록 인도되기를 간절히"(14항) 바라며 개인적이며 사적인 미사가 성행되던 관행에서 본래 초기 교회의 공동체성을 강조하며 공동 집전을 부활시켰고, 더불어 본미사로 불리던 성찬전례의 준비에 불과했던 말씀전례도 미사에 빠져서는 안 될 요소임을 강조했다.

세대통합예배를 추구하는 교회들의 사례를 보면 전 회중의 능동적 예배 참여에 노력을 기울이고 있음을 알 수 있는데, 설교, 성경봉독, 봉헌, 찬양대, 찬양팀, 대표 기도와 같은 기존의 예배 순서에 대한 다양한 실천적 시도를 볼 수 있었다. 어린이와 청소년들을 포함한 다양한 참여자들로 구성되는 예배는 모든 교인들이 예배의 관객이나 방관자가 아니라 예배의 능동적 참여자이며 한 몸 됨을 이루는 교회의 지체임을 강조하고 있는 것이다. 이 부분이 중요한 이유는 목회자의 독자적인 의도나 일부 교인들의 의견으로 세대통합예배가 진행될 경우, 세대통합예배의 원래의 정신인 하나된 공동체를 이루는 예배나 개방성, 환대와 같은 가치들이 예배 속에서 구현되기 어렵기 때문이다. 그래서 세대통합예배의 사례로 든 교회들의 공통점은 교회 공동체가 추구할 예배의 우선 가치를 능동적인 참여와 하나된 공동체 의식으로 두었고, 세대통합예배를 거듭할수록 그 가치는 실제로 효과를 보여왔다. 그렇기 때문에 예배신학적 관점에서 세대통합예배의 관건은 어떻게 하면 다양한 세대의 교인들이 능동적으로 예배에 참여할 수 있도록 예배의 순서와 참여자를 구성할지 일 것이다.

세대통합예배의 장점으로 꼽는 또 한가지 공동체의 회복은 어른이나 아이들, 부모와 자녀 세대가 같은 주제의 설교 메시지를 듣고, 한 공간에서 예배했기 때문에 동일한 관점과 신앙의 도전으로 한 주간을 살아간다는 것이다. 부모와 자녀가 세상 속에서 살면서 동일한 시간을 통해 영적인 공감대를 형성할 수 있다는 장점은, 현대의 가정 문제로 언급되는 가족 간의 대화 단절을 극복할 수 있도록 돕게 된다. 자녀와 대화하고 싶지만 대화의 근거와 접촉점을 찾지 못하는 가정에게 세대통합예배는 목장과 교회학교 소그룹 등에서 메시지의 피드백을 서로 나누도록 하고, 경청하는 과정을 통해 자연스레 소통의 기회를 찾을 수 있도록 돕는다. 세대통합예배는 교회의 다음세대들로 하여금 메시지에 반응하는 그들의 이야기를 경청할 수 있게 만들고, 그들로 하여금 능동적 예배자로 교회 공동체에 남게 만들어준다.

Chapter 7
우리예닮교회의 세대통합예배 사례
세대통합예배를 통한 교회 공동체 의식 변화

저자는 2022년 세대통합예배가 교회 공동체의 의식을 어떻게 변화시키는지에 대한 논문[1]을 쓰면서 목포 '우리예닮교회'의 담임목사와 교인들을 대상으로 인터뷰와 설문 조사를 진행하였다. 그리고 인터뷰와 조사 결과를 바탕으로 세대통합예배를 통하여 그들의 교회공동체에 대한 인식이 어떻게 바뀌었는지를 탐구했다. 또한 연구 결과를 분석하여 목포 '우리예닮교회'와 비슷한 중소형 교회들의 사역 방향과 발전 방안에 대한 제안이 무엇인지 고찰하였다.

1 저자의 논문 '목포 우리예닮교회의 사례 연구'에서 인용했다.

본 연구를 위한 인터뷰 참여자는 목포 '우리예닮교회'의 담임목사이며 세대통합예배를 연구자와 함께 디자인하고 준비과정부터 프로젝트를 직접 진행했던 박기남 목사와 세대별 대표 교인[2]으로 선정된 5인의 교인들이다. 설문조사는 세대통합예배에 참여했던 모든 교인들을 대상으로 진행하였으나 조사에 참여가 어려운 고령자와 저연령의 자녀세대를 제외한 61명이 설문 서약시에 동의하고 참여하였다.

설문조사에 참여한 교인들의 경우 세대통합예배에 대해 프로젝트가 실시되기 전부터 선입견을 가지고 반대하던 교인들이 있었고 그것이 결과에 반영되었음을 밝혀둔다. 그들은 주로 세대 분리 예배를 주장하는 교인들이며, 분리예배를 주장하는 이유는 주일 대예배에 자녀들이 합류하면 분위기를 해칠 수 있어 예배가 방해된다는 반대의견과 반면 그들이 어린아이들의 눈높이에 맞다고 믿는 교회학교 예배의 중요성을 포기하지 못하는 것에 대한 반대의견으로 나뉘어진다.

2 세대별 대표교인은 각각 조모를 포함 3세대가 예배에 참여하는 20대 남자 청년, 미취학 연령 자녀를 둔 30대 여자 집사, 학령기 자녀를 둔 40대 여자 집사, 청년 자녀를 두었으며 형제자매와 함께 예배에 참여하는 50대 남자 장로, 손자를 데리고 예배에 참여하는 자녀를 둔 60대 여자 권사 등 5인으로 선정하여 각 연령별, 세대별, 직분별 대표성을 가지고 인터뷰하였다.

연구질문 1

RQ1 : 우리예닮교회는 교회 공동체에 대해 어떻게 생각하는가?

본 논문은 개인주의와 소비주의에 의해 분열되고 약화된 교회 공동체의식을 회복시키는 대안으로서의 세대통합예배 연구이다. 이것은 현대교회의 모습인 세대별로 분화된 교회공동체는 '공동체로 부름받은 정체성'과 반하는 모습인데, 교회의 본질은 삼위 하나님께서 각기 다른 지체들을 한 몸으로 연합하여 그리스도의 몸으로 세우시는 것에 있기 때문이다. 신앙의 본질인 제자도를 회복시키고, 교회의 본질인 공동체성을 회복시키는 영향에서 세대통합예배의 의의가 있기 때문이다. 세분화되어버린 예배로 인해 교회 공동체가 와해되고 그 결과 한국교회 전체의 약화와 쇠락으로 이어지고 있다는 평가 앞에서 우선적으로 교인들의 경우 교회 공동체에 대한 현재의 인식을 파악해볼 필요가 있었다.

세대통합예배를 디자인하고 진행한 박기남 담임목사는 교회 공동체에 대한 그의 생각을 인터뷰 질문 1번에 대하여 다음과 같이 답변한다.

> "교회는 하나님 나라를 위해 사역하신 예수 그리스도의 사역을 이어받아 이 땅에 하나님 나라를 일구어 가는 사역을 감당하는 공동체입니다."

박기남 목사의 대답은 크게 두 가지로 나눠 이해할 수 있는데 첫번째로 교회 공동체 이해는 교회가 목적성을 가지고 세상으로부터 부름을 받은 '목적 공동체'라는 것이다. 두번째는 이 땅에 임하는 하나님의 나라를 바라며 사역하는 '사역 공동체'라는 점을 밝히고 있다.

세대별 교인들의 교회 공동체 이해에 대한 질문은 질문 1번 "평소 교회란 무엇이라고 생각해 오셨고, 교회 공동체의 역할은 무엇이라고 생각하시나요?"이었다. 위의 질문에 대해 20대 청년에서 60대 권사님까지 다양한 답을 할 수 있는 것은 한국교회의 발전역사 속에서 신앙생활을 해온 세대적 차이를 또한 발견할 수 있었다.

M-1(세대별 인터뷰에 참여한 교인들의 표기법은 각주에 설명하였다)[3]의 경우는 "교회는 예배를 하고, 죄를 회개하는 곳. 교회공동체의 역할은 잘못된 믿음을 일깨워주고 서로 돕는" 것으로 정의한다. 20대 초반의 남자 청년으로서 교회에 대한 큰 고민이 없이 일반적으로 알고 있는 정의를 답한 것으로 볼 수 있다.

M-2의 경우 "교회란 주일에 하나님을 예배함으로 다가가는. 예배

3 인터뷰에 참여한 세대별 대표교인의 경우 각각 구별을 하기 위해 번호를 부여했다. 조모를 포함 3세대가 예배에 참여하는 20대 남자 청년 M-1(member-1), 미취학 연령 자녀를 둔 30대 여자 집사 M-2(member-2), 학령기 자녀를 둔 40대 여자 집사 M-3(member-3), 청년 자녀를 두었으며 형제자매와 함께 예배에 참여하는 50대 남자 장로 M-4(member-4), 손자를 데리고 예배에 참여하는 자녀를 둔 60대 여자 권사 M-5(member-5) 로 표기했다.

를 통해 신앙의 결단을 갖게 하는 곳이며, 교회공동체는 합력하여 선을 이루"어야 한다고 답했다. 어린 자녀들을 데리고 교회에 오는 여자 집사로서 보호자로서의 엄마의 역할과 예배에 집중하고자 하는 성도로서의 욕구가 충돌하는 현실적인 대답이라고 판단되었다. 교회 공동체의 도움을 실제적으로 필요로 하는 어린 자녀와 예배에 나오는 세대가 바라보는 시각을 대변하는 답변으로 보여진다.

M-3 의 경우 40대 여성집사로서 신앙생활에 대한 열정을 가지고 발전하고자 하는 세대로서 "교회란 신앙을 지키고 신앙을 확장하는 기본적 공간 예배를 드리고 말씀을 공부하고, 세상에 주는 시간만큼 내 신앙을 위해 시간을 투자해야 할, 가장 기본적인 곳"이라고 말한다. M-2와 M-3의 차이가 여기에서 드러나는데 40대 후반의 M-3의 경우 자녀들이 이미 장성해서 더 이상은 자녀 때문에 신앙생활에 어려움이 없는 세대라는 것이다. 교회 공동체에 대해서 개인적 신앙의 발전과 영성 생활에 대한 도움을 바라는 세대라고 할 수 있다.

M-4의 경우에는 사회활동을 하는 50대 남자 장로로서 교회 공동체에 대해 "교회 공동체의 역할은 세상의 빛과 소금의 역할이 되는 것이며, 사회현상, 사회문제에 있어서도 적극적으로 개입을 해야 한다. 성도들간에도 교제와 서로 돕고 이해하는 것도 중요하

며, 교회에서의 모습이 사회적으로도 큰 역할을 할 수 있다고 생각한다. 사회적 책임이 교회에 있다"고 보고 있다. 세대와 성별이 갖는 분명한 차이점을 나타내는 답변으로 보여진다.

M-5는 손자를 둔 3세대가 함께 예배에 참석하는 60대 여성 권사로서 교회 공동체의 정의에 대해 "교회공동체의 역할은 하나님의 목적을 이루는 건강한 균형잡힌 교회로 나가기 위해 사랑을 나누고 이웃을 사랑하는 이중계명을 행하고 전하고 애쓰는" 곳으로 답변한다. 교회안에서 공동체간에 사랑과 교제를 나누고, 이것을 세상으로 확장해 나가야 한다는 의미로써 이는 할머니라는 위치에서 돌보고 사랑을 베푸는 세대적 특성이 반영된 답변이라고 할 수 있다.

이상의 답변들을 정리해 본다면, 교회 공동체에 대한 다양한 의견들은 그만큼 세대간에 분명한 차이점이 존재한다는 것을 드러내 주었다.

SQ1-1: 이상적 공동체와 현실 교회 사이에 어떤 차이와 문제가 있는가?

그렇다면 담임목사와 세대별 대표 교인들은 이상적인 교회 공동체의 모습과 현재 그들이 몸담고 있는 우리예닮교회 간에 어떤 차이점이 있다고 보는가? 이 질문은 연구질문 1번의 세부질문이면서 또한 교회 공동체의 바른 사역방향과 발전방안에 대한 질문으로 나아가기 위한 질문이다.

박기남 목사는 교회의 본질에 대한 이해가 부족한 점을 우선으로 들었다. 그럼으로 인해 교회의 사역 방향이 목회자의 의도대로 진행되지 않는 것에 대한 아쉬움과 함께 체계적인 신앙 양육의 부재와 더불어 소그룹 사역의 활성화 필요성을 언급했는데, 연구질문 1번의 답인 목적 공동체이며 사역 공동체인 교회를 이루어 나가기 위한 전제 조건이 채워져야 한다는 의미이다. 현실적인 이유로 중소형교회가 갖는 한계인 재정과 인적 자원의 부재를 들었다.

세대별 교인 대표들의 답변은 위의 1번 질문에 대한 답과 이어져 있다. 대표적으로 M-3은 본인이 이상적이라고 보는 신앙발전에 도움을 주는 공동체가 가져야 할 신앙공부 모임의 부족이나 개인적 성장을 중요시 여기지 않는 분위기 등을 들었다. M-5의 경우에도 사회적 책임을 지는 교회 공동체를 이상적으로 말했듯이 공동체 내에서 먼저 서로 간에 교제와 협력이 부족한 것으로 인해 하나가 되지 못하는 모습을 들었다.

RQ1과 SQ1-1을 통해 드러난 것은 세대별로 이상적이라고 보는 교회 공동체의 모습이 다르다는 것이고, 자신이 속한 세대가 처한 위치에 따라 그 이상적 모습이 달라질 수 있다는 것을 보여주었다. 부족한 부분에 대한 질문에 대해서도 연구질문과 관련되어 답을 하였던 것을 본다면, 교회 공동체에 대한 정의와 구성원으로서의 요구는 세대에 따라 개인의 인생에서도 바뀌어 나갈 수 있다고도 유추할 수 있다. 이것은 다양한 세대로 구성된 교회 공동체가 얼마나 다양한 정의와 요구들로 채워져 있고, 사역과 목회 방향을 정할 때 고려해야 할 부분임을 분명하게 알게 한다.

전 교인을 대상으로 하는 설문조사에는 총 61명이 참여했으며, 연령에 대한 질문은 우선 세대통합예배와 관련하여 연구대상인 우리예닮교회가 어떤 비율의 세대들로 구성되어 있는가를 파악하기 위함이다. 아울러 세대별로 교회를 바라보고, 교회에 원하는 요구 사항이 다름을 알기에 가장 많은 세대를 파악하면 교회의 사역 방향에 대해서도 판단할 수 있다고 보기 때문이다.

① 귀하의 연령대는?: **응답 61개**

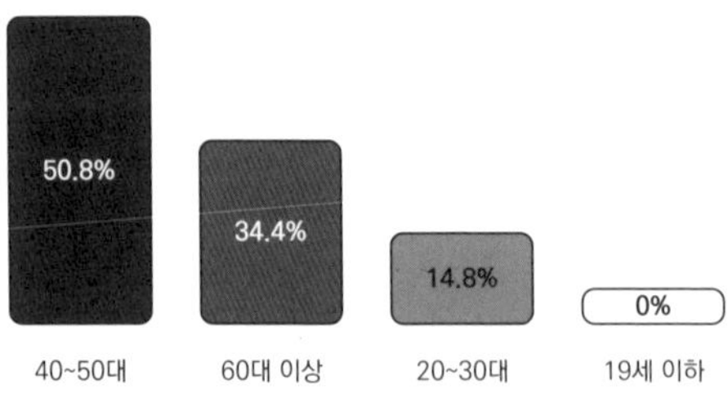

위의 도표에서 볼 수 있듯이 현재 우리예닮교회를 구성하는 교인

분포는 중장년과 노년층이 거의 대부분을 차지 한다는 것을 알 수 있다. 어린 자녀를 둔 젊은 부모 세대의 숫자도 적고, 청년 층의 숫자 역시 많지 않은 교회 전체가 노령화되어 가는 교회의 모습이다.

③ 귀하의 신앙 년수는?: **응답 60개**

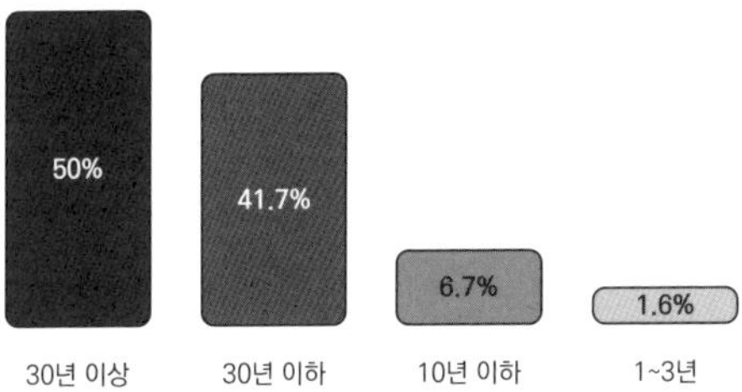

3번의 질문은 나이로 파악한 세대별 구성과 함께 신앙이력을 파악함으로써 교인 구성을 다시 확인하는 질문이다. 표에서 볼 수 있듯이 10년에서 20년의 신앙이력을 가진 교인이 49%, 신앙이력 30년 이상의 교인이 50%를 차지하는 새신자가 아주 소수인 구성을 보여 준다. 위의 두가지 질문으로 파악할 수 있는 것은 '우리예닮교회' 구성원들 중 다수가 선호하는 교회 공동체는 교인들 간의 교제와 개인적 신앙의 성장을 목표로 하는 교회일 것이다. 아울러 교회 공동체가 이웃사랑으로 나아가는 사회적 책임을 중요하게 여겨야 한다는 것을 염두에 두는 공동체라는 것이다. 문제는 그럼에도 현재 모습은 그런 이상적인 교회 공동체의 모습을 갖추지 못했다는 것 또한 지적하고 있다.

이런 문제점들을 인식하고 있는 상황에서 이상과 현실의 괴리를 해결하는 대안으로서 세대통합예배가 어떤 역할을 할 수 있었는가에 대해 질문했다.

연구 질문 2

RQ2: 문제의 대안으로서 왜 세대통합예배를 선택하게 되었는가?
담임목사와 교인들의 대답으로 알 수 있었던 것은 교회 공동체가 이상적인 모습으로 나아가기 위해 가장 우선시되어야 할 부분이 있다는 것이다. 그것은 바로 교회에 있어서 공동체성이 매우 중요하며, 공동체성의 결여로 인해 이상적인 모습의 교회 공동체로 발전하지 못하고 있다는 지적이다.

그에 따라 교회 공동체 의식을 변화시키는 것이 최우선적 과제이며, 그 대안으로서의 세대통합예배가 어떤 역할을 했는가에 대해 질문했다.

박기남 목사의 경우 인터뷰 질문 2번에서 **교회의 본질에 대한 문제나 여러가지 문제점들에 대해 쇄신과 변화에 대한 대안으로 세**

대통합예배가 대안이 된다고 생각하는가?에 대한 대답으로 "교회의 가진 자원(물적, 인적)을 한 곳에 집중할 수 있다"고 대답한다. 예컨대 기존의 교회학교가 가진 문제점들을 해결하는 방안으로서의 대안이 된다는 것이다. 이 답은 한국 교회의 중소형 교회가 가진 인적, 물적 자원의 부족에 대한 교회 공동체가 겪는 어려움에 대한 지적이다.

M-3의 답변도 박기남 목사와 유사한 내용이었는데, "기관들이 나뉘어지지 않고 함께 예배함으로 인해 시간적, 공간적 차이를 줄이고, 시간적 공유를 할 수 있다는 점"을 중요하게 여겼다. "교회학교예배에 참여하는 교사라던지 차량운행 봉사에 참여하는 학부모, 교사들이 대예배와 분리되어 공동체 의식이 약화되는" 문제를 지적한다. 교회 공동체가 바른 발전방안에 대한 대안으로서 세대분리 예배의 지양이 중요하다는 지적이다.

M-5의 경우 "지방 중소도시라는 지역적 한계로 인한 인적 자원의 부족과 함께 젊은 층의 대도시, 수도권으로의 이탈 등은 교회 공동체를 지속적으로 약화시키는데, 세대분리 예배로 인해 그나마 있는 젊은 층과 자녀세대와 중장년, 노년층이 괴리되어서는 안된다"고 답한다. 그런 이유로 세대통합예배는 교회 공동체의 발전에 있어서 대안이 될 수 있다는 답변을 했다.

SQ2-1: 세대통합예배 프로젝트 이전에는 어떤 기대가 있었는가?

박기남 목사는 세대통합예배를 기획하고 디자인하며 "교회 공동체가 가져야 하는 신앙전수에 대한 생각을 다시 한번 각인 시키는" 효과를 기대했다고 말한다. "기존 학교시스템으로 고착화된 신앙양육의 방식"이 갖고 있는 문제점을 상쇄시키는 대안으로서의 가능성을 확인하는 프로젝트가 될 것이라 기대했다고 말한다. 박기남 목사는 신학교에서 기독교교육학을 전공했는데 본인의 교육관점에서는 "가족이 함께 예배하고 부모들이 자녀를 신앙으로 양육하는" 것이 교회 공동체를 "한몸공동체로 세워나가는" 중요한 원칙이 될 것이라고 답했다.

세대통합예배에 대한 교인들의 기대에 대한 질문에는 M-1을 제외한 네명이 코로나로 인해 교회학교 예배가 수개월간 진행되지 못한 탓에 어린 자녀를 둔 가정들이 출석하지 않다가 다시 예배에 참석할 것으로 기대했다고 답했다. 저학년이나 미취학 아동들의 경우 세대통합예배 프로젝트가 시작되는 시점까지 접종이 진행중이었기 때문에 아이들만 집에 남겨둘 수 없어서 부모들까지도 대면예배에 참여하지 못했었다. 따로 교회학교 예배가 진행되지 않고 부모와 함께 대예배에 참석하는 세대통합예배의 성격상 온 가족이 함께 교회에 올 수 있게 될 것이라는 기대가 컸음을 알 수 있다. M-1의 답변은 "자녀세대와 부모세대가 함께 예배드리며 예배가 좀 더 역동적이고 활기있게 될 것 같다"는 것이었다. 20대 초반 청년의 입장에서 주일대예배는 딱딱하고 무거운 분위기라고 생각해왔고, 예배 분위기 자체가 변화될 것 같다는 기대가 있었다고 답변했다.

전체 교인 설문조사에서는 우리예닮교회에 부모-자녀, 혹은 3세대 이상으로 예배에 참여하는 구성원들이 얼마나 되는지 질문 4를 통해 파악했다. 교회의 교인 구성에 따라 세대통합예배가 교회에 미치는 영향이 크게 달라지기 때문에 세대구성 파악은 매우 중요하다고 할 수 있다.

④ 이 교회에 함께 출석하는 세대(조부모, 부모, 자녀세대를 의미)의 다른 가족이 있나요?
: **응답 60개**

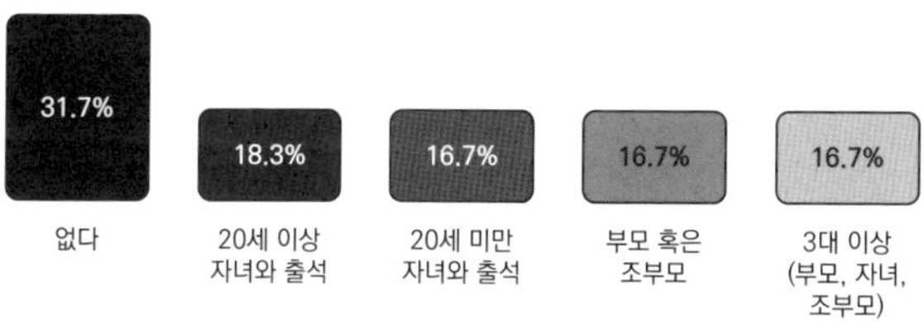

위의 내용에서 부모자녀, 혹은 조부모까지 포함한 3세대가 함께 예배에 참석하는 비율이 69%를 차지한다는 것을 알 수 있다. 함

께 출석하는 가족이 없다고 답한 교인들의 경우에도 교인구성을 파악해보면 대부분이 장성한 자녀들이 취업이나 결혼 등 이유로 타지역에 거주하여 독거하고 있는 노년층이 대부분이다.

SQ2-2: 실제 세대통합예배 프로젝트 후 기대와의 차이점은 무엇인가?

박기남 목사는 질문 4 "목회적 관점에서 세대통합예배를 시행하기 전에 가진 기대 즉, 교회의 본질 회복과 목적 공동체로서의 의식변화는 어떤 결과를 얻었다고 생각하십니까?"에 대해 기대했던 바대로 "교인들에게 기존의 신앙방식(전통적)을 벗어나 다른 길이 있다는 것을 상기시켰고, 교회의 본질을 배우기 위해 노력하고 공동체가 가져야 하는 신앙 전수에 대한 생각을 다시 한번 각인시킨 시간"이었다고 답했다. 예배의 분위기와 세대통합예배에 참여한 교인들의 피드백을 통해 긍정적인 반응을 보았다고 말한다.

처음 프로젝트를 시작하기 전 가졌던 우려중 가장 큰 부분이 기존 교회학교를 운영하는 분리형 예배에 익숙한 교인들이 세대통합예배에 잘 적응할 것인가였기에, 프로젝트 이후 새로운 가능성을 발견했다는 것에 큰 의의를 둘 수 있겠다.

M-2의 경우에는 미취학 아동 자녀들을 세명 데리고 오는 입장에서 다른 비슷한 입장의 부모들이 예상보다 참여율이 저조했다는

점을 아쉬워했다. 그것은 세대통합예배의 장점을 발휘할 3세대 예배 자체의 문제 라기보다는 프로젝트 기간 중에 다시 시작된 코로나 팬데믹 재유행으로 인한 상황 때문이라고 볼 수 있다.

M-4는 대예배 시간에 어린 자녀들이 함께 자리함으로써 낯설어 하는 어른들과 어린아이들에 의한 현실적 문제를 언급하며 그럼에도 시간이 흐르면 적응하는 단계를 넘어서서 잘 적응하리라고 답했다. 실제로 프로젝트가 진행중인 6주간 예배 분위기는 점점 나아지고 있었다.

SQ2-3: 세대통합예배에서 가장 의미가 있던 부분은 무엇인가?

박기남 목사는 질문 5 "한몸 공동체로서 세워져 나가는 과정에서 현재의 세대통합예배의 모습에 더해져야 할 부분"에 대한 답변을 통해 가족이 함께 예배하는 자리를 만들어 줌으로써 다른 이에게 맡기는 것이 아니라 부모가 직접 신앙 양육의 역할을 맡는 것에 큰 의미가 있다고 대답했다. 박기남 목사는 기존의 교회학교가 사회의 학교 시스템으로 고착화되어 버린 상황 속에서 다음세대 신앙 교육의 책임을 교회가 전적으로 책임지는 방식에 대해 다시 한번 생각해볼 수있는 계기가 되었음을 중요하게 생각한다고 말했다. 가족이 함께 교회까지 오지만 입구에서부터 어른들은 대예배실로, 자녀들은 교회학교 부서로 각각 나뉘어지고 다른 방식으로 분리되어 예배하던 기존 시스템에 대해서 말이다. 가족들이 연령에 따라 각각 다른 예배형식과 다른 찬양, 다른 수준의 설교 등으로 인해 함께 모여 예배하는 가정예배를 어렵게 하고, 어른들의 예배와 전혀 다른 소위 눈높이교육 혹은 연령별신앙발달에 따른 예배방식으로 인한 분리는 결과적으로 교회와 가정의 분리를 가져왔다는 것이다. 신앙생활은 교회에서만 이루어지는 것이며, 가정에 돌아가면 신앙적인 삶이 이뤄지기 어렵게 된 것이다. 이것은 가정에서 부모가 자녀의 학교 공부를 도와주며 소통하는 반면 신앙교육은 분리되어 전혀 다른 방식으로 예배했던 것이 부모가 자녀의 신앙교육을 도와주며 소통하는 것을 막아온 원인이 된다.

M-3의 경우 어머니와 딸과 함께 출석하는 3세대 가정이면서도 남편과 동생 등 신앙생활하지 않는 가족들이 있는데 세대통합예배를 통해서 그들을 어떻게 인도 할 것인가에 대해 가족들과 더 진지하게 이야기하며 방법을 찾는 계기가 되었다고 말한다. 세대통합예배는 기존의 분리예배를 드리던 때에 느끼지 못했던 가족에 대한 신앙적 의무감을 갖게끔 한 것이다.

M-5는 3세대가 함께 봉헌위원을 한다던가 특별찬양을 하는 부분들이 의미가 있었다고 말한다. 그간 따로 분리되어 예배하며 다른 활동을 하고 다른 찬송가를 불렀던 이들이 한 공간안에서, 같

은 찬송가를 연습하여 특송하는 과정과 시간들이 큰 의미로 다가왔다는 것이다. 같은 예배 형식과 같은 찬송가를 공유한다는 것은 곧 교회의 예배가 가정예배로 이어질 수 있는 다리를 만들어주는 것과 같기 때문이다. 아울러 가족들이나 혹은 다양한 세대들이 함께 공유할 수 있는 추억을 갖는다는 점에서 그렇다고 답했다.

M-2의 경우 어린 자녀들과 함께 예배에 참여하며 우려가 컸는데 떠들고 움직이는 아이들을 대하며 주위 어른들이 이해해주고 자녀와 함께 하는 부모의 입장을 이해해주려는 모습에서 감사했고, 또한 아이들에게 부모의 모범적인 모습을 보여야 하기에 본인 또한 이전의 산만했던 예배의 모습이 아니라 더 예배에 집중하는 자신을 발견했다고 말한다. 이것이 세대통합예배에서 가장 중요하게 여기는 세대간에 서로 영향을 주고 받는 효과이다. 분리예배를 드리게 되면 성인들만 모인 대예배 속에서도 어른들이 핸드폰을 보거나 산만한 행동들을 하는 경우가 많지만, 3세대가 함께 예배를 드릴 경우 모범적인 예배자의 모습을 보이려고 어른들이 예배에 집중하는 모습을 보인다는 것이다.

아래 설문조사의 8번 문항에서도 볼 수 있듯이 세대통합예배로 예배 드리는 것이 화합과 소통 등 가족관계에 도움이 된다는 긍정적 의견이 81.9%에 달한다. [설문조사 도표 4]를 참조하면 반대의견과 기타의견도 있는 것을 알 수 있지만, 대다수 교인들은 세대통합예배가 가족 간의 소통에 도움이 된다는 의견을 내놓았다.

⑧ 세대통합예배로 드리는 것이 화합과 소통 등 가족 관계에 도움이 된다: **응답 61개**

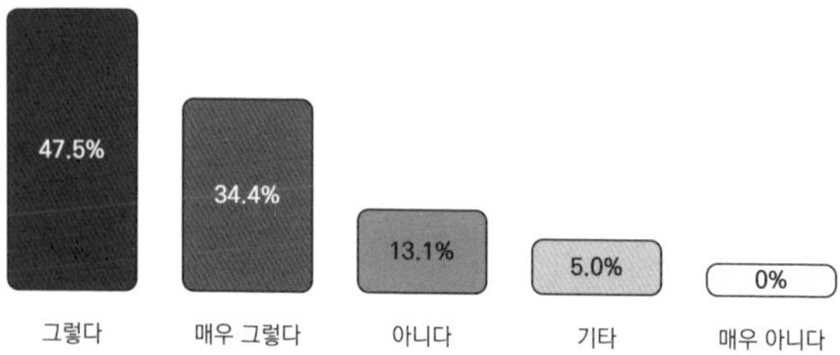

연구 질문 3

RQ3: 세대통합예배를 드린 후 교회공동체에 대해 어떤 의식의 변화가 일어났는가?

박기남 목사는 인터뷰 질문 6번 "세대통합예배와 공동체 의식"에 관한 질문에서 교회 공동체 전체가 그간 교회학교에 전적으로 맡겨 두고 있던 다음세대에 대한 신앙양육의 문제가 공동체의 문제임을 인식했다는 것이 가장 큰 의식의 변화라고 대답했다. 이러한 생각의 변화는 자녀들에 대한 교육열이 높은 한국사회 속에서 그간 한국교회가 보여왔던 학업과 신앙생활의 부조화에 대한 인식을 재고하게 된 좋은 계기라고 보여진다. 박기남 목사는 신앙의 전수라는 부분이 공동체 전체의 책임이라는 의식의 변화는 자연스럽게 가정으로까지 이어져 가정예배에까지 이르게 될 것이라고 전망했다. 실제로 교인들의 피드백을 보게 되면 추도예배 등의 가정예배에 자녀들의 참석이 자연스러워지고 비중도 늘었다는 것을 알 수 있다는 것이다. 어른들의 예배형식에 익숙해진 자녀들이 가정에서 드려지는 예배에도 자연스레 참석하고 예배에 집중하는 모습을 보이는 부분 등은 분명 세대통합예배가 교회와 가정을 이어주는 중요한 연결고리 역할을 하게 될 것임을 보여준다.

인터뷰질문 5번 "세대통합예배를 통해 교회 공동체를 바라보는 의식의 변화"에 대한 질문에서 M-3의 경우 세대통합예배를 통해 예배와 소모임, 가정으로 연결되는 과정을 통해서 조부모세대의 신앙적 모습을 더 존경하게 되고, 사회적으로도 열심히 일하는 부모세대들을 만나고 교제하며 서로 간에 더 좋은 영향을 주고 받게 되었다고 말한다. 더군다나 자녀들과 함께 예배하면서 "서로 본이 되는" 시간이 되고 있다고 말한다. 신앙공동체라는 단어의 의미에 대해 더 알아가는 시간이었고, 세대통합예배를 거듭하며 신앙의 성장과 더불어 신앙공동체의 일원으로서의 발전에 대해서도 기대가 된다고 말한다.

M-2의 답변은 팬데믹을 겪는 현상황 속에서 교회 공동체 역할에 대해 다시 생각하게 하였다. "코로나 팬데믹과 개인주의 때문에 소통의 기회가 단절되어 버린 상황" 속에서 세대통합예배를 통해 공

동체의 소중함과 소속감을 가지게 되었다는 부분이다. 변화되어 가는 세상이라는 말은 점점 더 분리되고 차단되는 세상이라는 말로 대치될 수도 있다. 기술의 발전으로 인해 더 세분화되고 더 개인화되어 가는 세상의 변화에 더하여 팬데믹 상황은 공동체의 존속을 더 위협했지만, 세대통합예배를 통하여 교회의 본질이 공동체에 있음을 다시 한번 깨닫게 되었다는 것이다. 잊어가던 교회 공동체 의식을 다시금 새롭게 가질 수 있게 된 계기였다고 말한다.

M-4는 "예배에 참여하는 자세들이 많이 바뀌었"음을 이야기한다. 세대통합예배를 거듭할수록 공동체의식이 강화되어 가고 있음을 느끼고, 그에 따라 신앙생활을 이전에는 혼자만의 신앙성숙이나 신앙고백의 차원에 머물렀었지만, 이제는 공동체로서 신앙의 실천을 통해 빛과 소금의 역할을 해야 함을 고백하게 되었다는 것이다. 세대통합예배의 궁극적 발전 방향은 교회의 본질인 목적 공동체, 사역공동체로서 세워지는 것에 있음을 재확인하게 되는 답변이었다.

설문조사의 내용을 참조해보면 세대통합예배를 통해 친밀감(질문 9)과 소속감(질문 10)이 큰 폭으로 상승했음을 알 수 있다. 세대통합예배를 통하여 예배에 참석하는 것, 신앙생활의 중심이 개인의 신앙발전이나 소위 은혜를 받는 것, 위로를 받는 것 등 개인주의적인 부분에서 예배의 본질인 공동체로서 하나님의 부름을 받았다는 것과 부름받은 공동체에 대한 소속감에 대해서 더 고려하게 되었음을 알 수 있다.

⑨ 세대통합예배 이후 교인들에 대한 호감이 더 높아졌다.(친밀감 상승): **응답 61개**

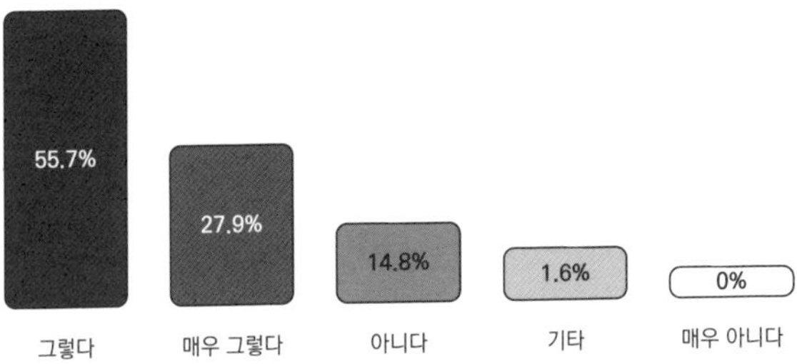

⑩ 세대통합예배 이후 교회에 대한 소속감이 더 커졌다.: **응답 61개**

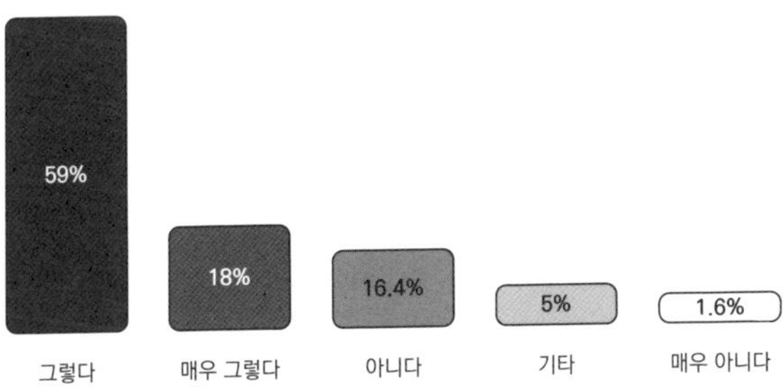

설문조사 질문 11번인 예배에 함께 참석하는 것이 자녀의 신앙교육에 도움이 되고 있는가에 대한 질문에서 80.3%의 교인들이 긍

정적인 답변을 했음을 볼 수 있다. 직접 자녀 세대 혹은 손자녀 세대와 예배에 참석하며 느낀 부분이 반영되었을 것이며, 삼세대가 함께 예배하지 않는 교인들도 점점 익숙해지면서 공동체의식이 더 강화되었음을 엿볼 수 있는 대목이다. '우리예닮교회'의 어린 세대의 숫자가 10명 남짓한 숫자임을 감안할 때 직접 자녀의 신앙양육을 책임지는 위치가 아니어도 공동체로서 함께 신앙양육에 책임이 있음을 공감한다는 답변으로 볼 수 있기 때문이다.

본 논문의 연구 주제이기도 한 "세대통합예배를 통한 공동체 의식의 변화"를 볼 수 있는 중요한 질문이었으며, 신앙공동체로서 다른 교인의 자녀에 대해서도 함께 신앙양육의 책임을 분담하고 함께 동역하는 신앙공동체로서의 의식 전환을 확인할 수 있다.

⑪ 세대통합예배가 자녀 신앙에 도움이 된다.: **응답 61개**

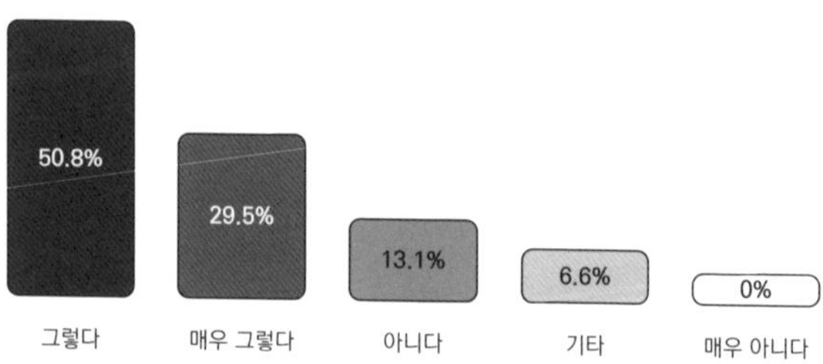

연구 질문 4

RQ4: 세대통합예배를 통해 중소형 교회 공동체에 줄 수 있는 통찰은 무엇인가?

박기남 목사는 인터뷰 질문 7번 "세대통합예배가 우리예닮교회와 같은 한국의 중소형교회에 줄 수 있는 통찰은 무엇인가"라는 질문에 대해 아래와 같이 답한다.

> "교회 공동체가 성경적인 신앙양육의 책임을 재발견할 수 있는 계기가 될 수 있습니다. 중소형교회의 경우 대형교회와 같은 물적, 인적 자원이 부족하기 때문에 교회학교를 위한 다른 교역자가 필요하지 않은 세대통합예배야 말로 좋은 대안이 될 것이라고 생각합니다."

박기남 목사의 답변에서 알 수 있듯이 세대통합예배는 담임목회자 한사람이 모든 세대를 위한 메시지를 전달하기 때문에 세대통합예배 외에 다른 예배는 필요하지 않다. 예배 후 소그룹으로 나뉠 때 교회학교 연령의 자녀들은 '꿈나무목장'으로 모이지만, 그곳에서 다른 신앙교육은 이루어지지 않는다. '목자' 역할을 하는 것은 자녀들의 부모들이 돌아가며 맡게 되어 주로 공동식사와 설교에 대한 메시지 나눔의 시간을 가질 뿐이다. 메시지 나눔의 시간에는 자녀들이 설교시간에 그린 그림을 두고 각자 발표를 하는 시간일 뿐, 부가적인 공과공부를 하지는 않는다. 자녀들이 어떻게 메시지를 받아들였는가를 서로 이야기하는 시간이며, 이 시간이 있기에 자녀들은 설교시간에 집중하여 예배를 드리게 된다. '목자'인 부모들은 아이들을 돌보며 대화를 나누는 역할을 하기에 가정에서 자녀들과 신앙양육의 연속성을 가질 수 있다는 장점이 있다. 교인의 숫자가 많지 않은 중소형교회에서 교회학교 교사라는 직분을 따로 세우는 것은 쉽지 않다. 뿐만 아니라 얼마되지 않는 교인 중의 봉사자들이 분리예배를 위해 세워지는 것이 다른 사역들 예를 들어 성가대나 식당봉사 등의 역할들과 갈등을 빚기도 하는 것이 현실이기에 세대통합예배는 그런 중소형 교회의 현실에 부합하는 예배형태이며 또한 합리적인 조직꼴이 될 수 있다.

교인 인터뷰 질문 7번 "한국교회에 가장 많은 형태가 '우리예닮교회'와 비슷한 중소형 지역교회들인데, 세대통합예배가 그 교회들에게 줄 수 있는 통찰은 무엇이 있을까?"에 대한 답으로 M-3은 박기남 목사와 같은 맥락의 대답을 했다.

> "세대통합예배의 장점은 교회의 자원을 한 시간대에 통합해서 유용하게 쓸 수 있다는 점이 가장 큰 장점이다. 아무래도 교회들의 규모가 크지 않은 상태에서 분산된 예배를 치루기 위해서는 자원들이 투입되어야 하고, 교회내에서 한 사역에 집중할 수 없는 것이 딜레마이다. 그런 피로와 문제점들이 누적되면 결국 교회를 떠나게 만들기도 한다."

M-1은 같은 질문에 대해 "세대통합예배를 하며 인상 깊었던 것이 그냥 예배드릴 때는 담임목사님이 설교하며 교인들과 아이들에게 질문을 던지고 대답을 하며 세대 간의 교통이 이루어지는 예배였다. 그로 인해 교회에서 어린 아이들이 점점 사라지는 요즘 교회 현실에서 3세대가 함께 예배하는 모습이 인상깊었다"고 대답한다. 중소형 교회의 경우 강단과 회중석의 거리가 비교적 가깝기 때문에 설교자와 회중의 소통이 이루어지기 더 유리하며, 이것을 잘 활용하면 자녀세대가 적극적으로 설교시간에 참여하도록 유도할 수 있는 또 하나의 방법이 될 수 있다.

M-2는 같은 질문에 대해 "세대통합예배의 가장 큰 장점이 '함께 있다'는 것이기 때문에 소수의 교회공동체가 분리되어 그나마 함께 하지 못하게 되는 상황 속에서 세대통합예배는 모든 교인들이 함께 모여 예배할 수 있음으로 인해 공동체 의식을 강화하는 효과"가 있다고 말했다. 중소형 교회의 경우 유아까지 모두 합해도 수십명을 넘지 않는데 그 인원들이 분리예배를 해야한다는 원칙에 매여 공동체성이 약화되는 경우가 있는데, 세대통합예배가 그 문제에 대한 대안이 될 수 있음을 지적한 것이다.

M-4는 "교회마다 다 여건과 상황이 다르지만, 세대통합예배가 나온 이유도 학령인구의 감소, 인구절벽, 노령화되어 가는 교회의 현실, 젊은 세대의 비종교성 등이 원인일 것이다"라고 답한다. 즉,

세대통합예배를 통해 "젊은 세대가 교회, 종교에 대한 생각, 인생관의 확장 등에 대한 기회"가 될 수 있으며, 더 나아가 "부모와 신앙에 대해 대화할 수 있는 기회"도 열어줄 수 있다고 말한다. 중소형 교회의 경우 세대통합예배를 통해 온교회가 다같이 예배하고 교제하는 '한몸공동체'의 의미를 더 잘 살릴수도 있을 것이라고 대답한다. "갈수록 출산률도 저하되고 자녀없는 가정도 많은 데 교회 안의 다음세대를 내 자녀처럼 공동으로 신앙 양육하는 문화, 예전에 가졌던 가족 공동체를 만들 수도 있을 것"이라고 말한다. 이것은 나아가 "교회가 발전된 가족공동체가 될수 있는 기회"가 세대통합예배를 통해 이루어질 것이며 "가족과 같은 교회"를 이루어 나갈 기회가 될 수도 있다고 답변했다.

설문조사 13번에서 "6주간의 프로젝트가 끝나고도 계속 세대통합예배를 드리기를 원하는가"에 대한 답변을 볼 때 77%의 교인들이 긍정적인 의견을 냈다. 실제로 이와 같은 대답에 근거하여 '우리예닮교회'는 프로젝트 이후로도 3개월째 세대통합예배를 이어가고 있다.

⑬ 6주간 프로젝트가 끝나고도 계속 세대통합예배를 드리기 원한다.: **응답 61개**

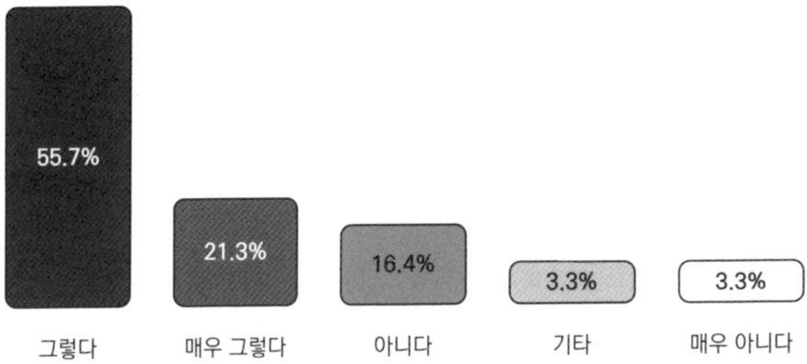

설문조사 질문 14번 "세대통합예배 이후 공동체의 본질에 대해 생각하게 되었다"에 대해서는 86.4%의 교인들이 긍정적으로 답을 했다. 이것은 세대통합예배를 지속적으로 진행하는 것에 대해서는 부정적인 답을 했던 교인들 중에서도 세대통합예배를 통해 교회의 본질과 공동체 의식에 대해 좋은 영향이 있었음을 드러내는 것이라고 할 수 있다. 이것은 또한 세대통합예배를 지속적으로 경험해 나가며 부정적인 인식이 충분히 전환될 수 있을 가능성을 보여준다. 교회 공동체의 본질이 분리가 아닌 하나됨에 있다는 공동체성 강화에 대한 지속적인 설교 등의 메시지 전달이 부정적인 의견을 가진 교인들에게도 그들의 생각을 재고하게 할 수 있다고 생각한다.

⑭ 세대통합예배 이후 교회의 본질에 대해 생각하게 되었다.: **응답 59개**

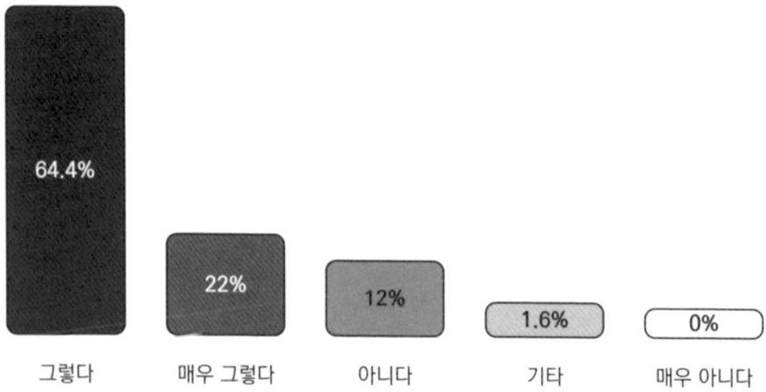

설문조사 질문 15번 문항에서 "세대통합예배 이후 교회 공동체의 목적과 사명에 대해 더 생각하게 되었다"는 질문은 교회가 다음세대를 신앙으로 양육해야 하는 책임에 대한 질문을 포함한다. 이에 대해 교인들은 83.6%의 비율로 긍정적인 답변을 했다. 교회 공동체의 목적과 사명에 포함된 다음세대에 대한 양육, 신앙전수의 문제가 단순히 교회학교라는 여러 기관중의 한 기관에 맡겨진 책임이 아니라 교회 공동체 전체가 함께 책임져야 할 문제라는 것에 인식을 같이한다는 것으로 분석할 수 있다. 교회 공동체가 다음세대를 신앙으로 양육하는 것의 중요성을 대하는 태도에 변화가 있음을 분명하게 알 수 있는 문항이었다.

위의 13, 14, 15번의 항목은 세대통합예배가 교인들로 하여금 교회 공동체의 본질에 대해 다시 생각하게 되었고, 공동체 의식의 변화는 교회의 목적과 사명에 대해 책임적인 태도를 갖게 해주었음을 알게 해주었다. 특별히 중소형 교회에 이 내용이 중요한 것은 인적자원이 상대적으로 풍부한 대형교회의 경우보다 분리예배로 인한 공동체성의 훼손이 더 심하기 때문이다.

⑮ 세대통합예배 이후 교회 공동체의 목적과 사명에 대해 더 생각하게 되었다.: **응답 61개**

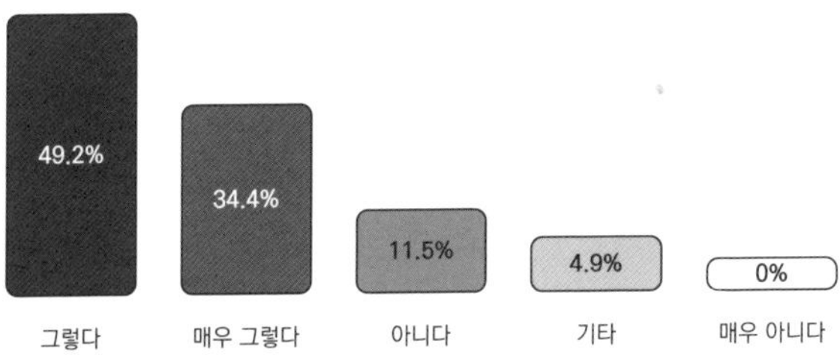

세대통합예배는 교회 공동체의 회복을 가져온다

6주간의 '세대통합예배 프로젝트'를 실시한 후 진행했던 박기남 담임목사와 세대별 대표 교인 5인에 대한 인터뷰와 전체 교인을 대상으로 하는 서베이-설문조사에 대한 연구 결과는 다음과 같다. 우선 가장 큰 주제인 세대통합예배를 통하여 공동체 의식의 변화가 있었으며, 그 변화는 신앙공동체의 목적과 책임에 대한 것이었다는 것이다.

사전 연구에서 밝혔듯이 세대통합예배를 연구했던 학자들이 주장한 것처럼 하나님께서는 그분의 구원받은 백성들을 한 개인 개인이 아닌 공동체로 부르셨으며, 성경에서도 여러 곳에서 반복하여 머리되신 그리스도에게 속한 한 몸으로서 하나의 목적 공동체 의식을 갖기를 강조하신다. 애초에 공동체로 부르신 목적을 실현하기 위하여 공동체 의식의 회복과 강화가 필요하다는 것이다.

인터뷰와 설문조사를 통해서 분석한 결과, 프로젝트 기간 세대통합예배를 드린 '우리예닮교회' 교인들은 개인주의적인 신앙에서 공동체적 신앙으로 신앙의 중심이 이동되어 가고 있음을 볼 수 있다. 예배의 목적이 개인의 목적, 즉 위로와 은혜, 축복받음으로 끝나는 것이 아니라 교회 공동체로 부르신 하나님의 사명과 그에 따른 책임감을 인식하는 단계에까지 나아가고 있다는 것이다.

세대별 대표 교인들의 인터뷰에서 잘 드러난 것은 교회에 대한 세대별 요구사항이었는데, 교회를 바라보는 시각에서 파악할 수 있었다. 개인적 차원이 아닌, 세대별 차원의 파악이 중요함을 알 수 있었기에 향후 교회 공동체의 목회-사역방향을 고민할 때 세대별 목소리에 귀 기울여야 할 것이다.

신앙 공동체의 공동체성은 그 자신을 위한 것이 아니라 그 본질인 목적 공동체의 정체성인 '목적', 즉 부르신 하나님이 교회를 통해 이루고자 하시는 계획에 쓰임 받기 위함이다. 교회의 본질로 회복된 신앙공동체는 모이는 것에 만족하는 것이 아니라 부르신 목적에 합당하게 흩어지는 교회로서 정체성을 실현해 나가는 것에까지 이르러야 한다는 측면에서 선교적 교회와 연관 지을 수 있다. 왜냐하면 공동체 의식을 강조하는 것이 자칫하면 회원중심의 폐쇄적이며 이기적인 공동체로 기울 수 있기 때문인데, 그와 정반대로 교회는 존립을 목적으로 하는 공동체가 아닌 목적(소명) 중심 공동체여야 하기 때문이다.

연구결과를 살펴볼 때 교회의 본질과 공동체 의식에 대한 변화가 사명과 책임감으로 이어지고 어떤 공동체가 되어야 할 것인가에 대한 고민에까지 이어짐을 볼 수 있다. '목적 공동체' 이자, '소명 공동체'로서 교회를 바라보는 데에까지 발전되는데 세대통합예배가 영향을 미칠 것으로 기대할 수 있다.

세대통합예배의 신학적 근간을 삼위일체 신학에 두는 이유는 단순한 전교인 연합예배가 아닌 각 세대가 예배 속에서 서로 영향을 주고 받고 서로를 세워주며 한몸 공동체인 신앙공동체로 세워져 나가도록 해주기 때문이다. 선교적 교회 학자 크레이그 밴 갤더는 삼위일체 하나님 곧 성부, 성자, 성령에 대한 이해를 교회를 이해하는 핵심으로 말하며, 교회는 성령의 창조물이며 모든 교회론은 성령께서 계속 만들어가는 창조물로서 교회가 가진 발전적 특성을 고려해야 한다고 한다. 교회는 근본적으로 선교적 본질을 가진 지역 회중, 곧 지역 사회 내에서 하나님이 구속적 통치를 드러내는 신앙공동체를 가리키기 때문이다. 이 공동체는 세상을 향해 보냄을 받은 선교적 공동체이며, 따라서 교회를 구성하는 각 그리스도인은 자신의 삶의 현장에서 선교사처럼 살아야 한다는 것이 밴 갤더의 주장이다. 세대통합예배를 통한 공동체 의식의 변화는 공동체성 강화에 그치지 않고, 부름받은 공동체로서의 본질과 목적에 충실한 교회 공동체의 구성원으로서의 자각과 행동으로 발현되는 데까지 나아가게 할 것이다.

Chapter 8
한국기독교장로회 주원교회의 세대통합예배
모든 세대(ALL)의 따뜻하고(溫) 생명력있는(ON) '온세대예배'

부산광역시 북구 화명동에 위치한 주원교회에서는 온세대가 함께 예배하는 세대통합예배인 '온세대예배'를 드리고 있다. 전체 예배의 규모가 40~50명 선인 소규모 인원이 예배하는 케이스이기 때문에 비슷한 교회에서는 참조할 사례가 될 수 있을 것이다.

온세대예배는 다음과 같은 고려사항 아래 디자인되었다. 첫째, 로버트 웨버의 말과 같이 포스트 모던의 영향 아래 오늘의 시대와 세대는 더욱 공동체, 신비, 상징을 중시하고 그런 환경에 익숙하다. 온세대예배의 예배 환경은 예전, 예식을 공동체가 함께 진행하고, PPT와 화이트보드, 초와 십자가 등 시각적인 상징과 함께 기도하거나 안수기도 등을 통한 영적 체험을 도우며, 보다 공동체를 강조하는 방식으로 진행된다. 자녀세대가 참여하기 때문에 예배순서를 간소화하는 것이 아니라 전통예배의 틀을 기본으로 예배를 드리고 있다. 만인사제적 참여를 원칙으로 하고 있으며, 모든 구성원이 공동식사와 오후예배 대신 진행되는 목장에서 세대별 모임을 갖는 것을 원칙으로 하고 있다.

예배당에서 영유아 자녀를 동반한 가족의 경우 외곽 쪽에 앉아 출입에 자유를 주고, 학령기 자녀들의 가족은 가능한한 부모와 함께 앉아 독려를 통하여 예배에 적극적으로 참여하도록 유도했다. 예배를 돕는 안내, 봉헌, 찬양대 등의 순서에 가족별, 혹은 다양한 연령별로 참여시킴으로 능동적 예배자가 되도록 도왔다. 주보에 목장나눔 시간에 쓸 공간을 마련하여 사용함으로써 설교를 필기하게 하고, 예배 후의 목장 등의 소모임에서 나눔의 시간을 갖도록 했다. 목장은 자녀세대의 목장인 '비전목장', 청년 목장인 '푸른목장', 부모세대 목장인 '믿음', '소망', '사랑' 목장과 조부모세대인 '은혜'목장 등이 있다.

어린 자녀들의 경우에는 색연필, 싸인펜 등을 사용하여 설교시간에 자유롭게 설교의 내용을 느낀대로 그림으로 표현하도록 하고, 식당벽에 게시하여 모든 교인이 함께 보고 나누게 함으로써 예배의 구성원으로서 활동할 수 있게 했고, 격려와 칭찬을 받음으로써 예배에 더 적극적으로 참여하도록 유도했다.

지하의 교육관에는 학령기의 자녀들이 예배의 설교에 관해 '비전 목장'(교회학교)에서 그 내용을 서로 나누도록 했다. 성인들은 공동 식사 후 소모임(성인목장)별로 공동식사를 하며 예배를 통해 깨닫게 된 점이나 한주간의 삶을 나누면서 서로를 위해 기도하고, 중보하는 제사장으로서의 역할을 감당하도록 했다.

오후예배 대신 목장모임을 진행하는 이유는 예배를 많이 드리는 것이 중요한 것이 아니라 말씀을 직접 실천하는 것과 제사장의 역할을 어떻게 공동체 안에서, 그리고 세상에서 선교적 사명을 가지고 살 것인가를 나누는 것이 더 중요하다고 여겼기 때문이다.

소모임의 시간에는 설교 메시지에 대해 어떻게 실천할 것인가에 대해 그룹별로 후원, 봉사 등 실제 실천으로 옮겨지도록 계획하는 것을 목표로 했다. 이 내용을 가지고 가족별로 귀가한 이후에는 가족별로도 실천 사항을 세울 수 있도록 독려하고, 교회 식당 등에 공동체의 사진이나 어린이들의 그림 등을 전시했다. 부르심 받은 선교 공동체로서 어떻게 살 것인가에 대한 나눔이 설교시간 메시지로 나가고, 그 메시지에 대한 피드백으로서 실천사항을 고민하고, 실제로 현장에서의 실천으로까지 나가는 것이며 세대별로 걸맞는 다양한 실천들이 세대 간에 서로 영향과 도움을 주고받으며 제자도의 삶까지 나아가는 것이다.

세대통합예배 디자인에서 강조할 점

세대통합예배의 구성은 존 웨스터호프 3세의 제안처럼 자녀-부모-조부모 3세대들이 독자적으로 고유의 기능을 발휘하면서 동시에 상호적으로 영향을 끼칠 수 있도록 했으며, 예배 후 소모임과 가정 예배에까지 이를 수 있도록 독려했다.(그림 8-1 참조) 전 연령대가 섞여서 어른 예배에 자녀들이 함께 하는 혼합적 종속 예배가 아닌, 3개의 세대가 서로 능동적이고 적극적으로 영향을 주고받으며 교회-소그룹-가정의 삼위일체적 연결과 소통이 세대통합예배의 핵심이다.(그림 8-2 참조)

세대통합예배의 영어 명칭인 Inter-Generation의 개념이 잘 드러나도록 예배를 디자인해야 한다. 자녀세대가 부모세대에 예속되어 한자리에서 예배하는 것이 아니라, 자녀세대의 역할이 분명하게 주어지도록 예배를 설계해야 한다. 벳세다 들녁에서 보리떡을 바친 아이로 인해 그리스도의 오병이어 기적의 현장이 더 풍성해진 것처럼 우리의 자녀들로부터 부모-조부모 세대도 배울 것이 있고, 영향받을 수 있도록 예배를 디자인하는 것에 중점을 두고 진행했다.

표 8-1 _ 세대통합예배의 구성 예시

순서	장소	내용	비고
예배	본당	**[온세대예배]** • 예배위원 3세대 고루 참여 • 설교시간 설교 필기 • 자녀세대는 스케치북 활용 ① 어른세대의 간증, 가족별 찬양, 목장별 특송, 세대통합 찬양팀과 성가대운용 ② 안내, 봉헌위원의 가족별 운용	• 적극적 능동적 • 예배참여 원칙. • 안내위원, 헌금위원 신청을 통해 자발적 참여 유도.
식사	식당	모든 세대가 함께 공동식사	
소모임	교회	① 은혜와 간증 나눔 ② 서로를 위한 중보기도 ③ 말씀의 실천 계획 세우기	• 개방성, 환대, 경청이 중심이 되는 모임. • 후원, 봉사 등 실천사항을 통해서 목적 공동체의 정체성 확립.
가족	가정	**[귀가 후 소모임 내용 나눔]** ① 예배 노트 나눔 ② 가족 실천 사항 세우기 ② 가정예배로 연결	• 신앙생활의 장을 교회중심에서 일상으로. • 제자도의 실천 원칙.

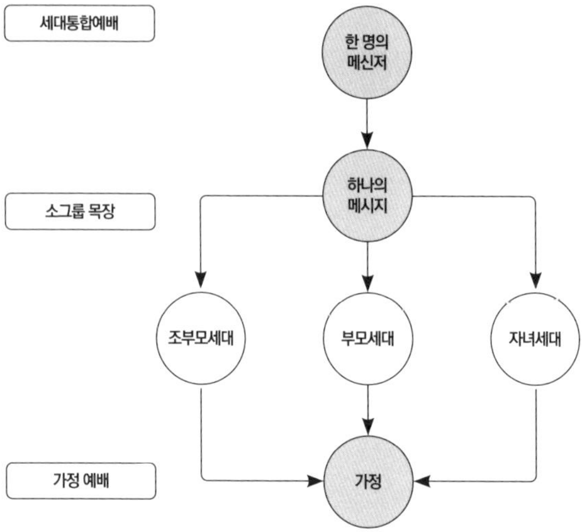

그림 8-1 _ 세대통합예배를 통한 교회와 가정의 연결

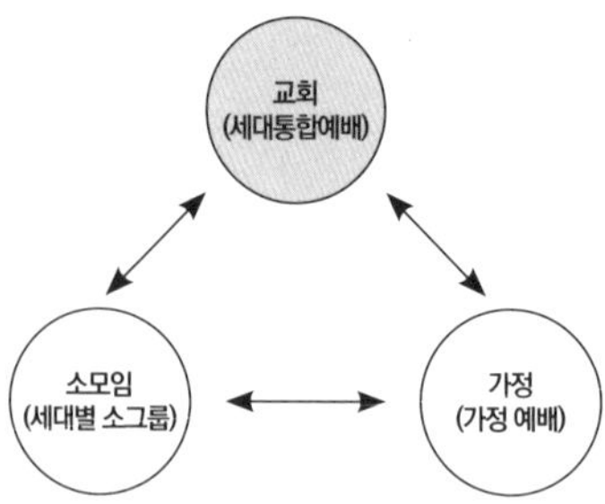

그림 8-2 _ 교회와 소그룹과 가정의 삼위일체적 연결과 소통

Outro
나가며
제목에 대한 변명

교회학교를 닫는다는 말이 결코 교육부서 자체를 없애자고 말하는 것은 아니다. 저자가 이 책을 통해 나누고자 하는 주장은 신앙교육은 학교가 아니라 예배당에서 이루어져야 한다고 믿기 때문이다. 신앙이란 이론으로 가르칠 수 없는 몸과 삶에서 이루어지는 실천으로 드러나야 완성되기 때문이다.

수영도, 운전도 책으로 못 가르치는데, 신앙은 책으로 가르칠 수 있다고?

수영도, 운전도 이론만으로 가르칠 수 없는데, 신앙은 교재를 펴고 이론을 가르침으로써 신앙인을 만들 수 있다는 고정관념을 깨

버려야 한다. 마치 수영 경험이 전혀 없는 이에게 책으로 수영이론만 가르치고 바다 한가운데 빠트리는 것이나, 운전면허 필기합격자에게 운전면허증을 주고 바로 도로로 차를 끌고 나가게 해도 된다는 것과 같다. 거룩한 예배를 이론으로 가르치고, 그렇게 예배를 드리는 예배자가 되기를 바라는 것이다. 만일 훈련병에게 교재를 펴고 이론적으로 전투를 가르친 후 바로 총을 쥐어주고 전쟁터에 내보낸다면 과연 그 생명을 부지할 수 있겠는가? 그런데 교회는 오랜시간 영적전쟁터에 내보낼 그리스도의 군사들에게 이론교육만 시켜서 전쟁터로 등을 떠밀지는 않았는가? 그리고 왜 영적전쟁에서 이기지 못하는가, 왜 신앙이 성장하지 않는가 물으며 죄책감만 불어넣지는 않았는지 돌아보자.

하나님은 머리로 아는 것이 아니라, 몸으로 체험하여 아는 것이다

하나님을 아는 것은 하나님을 체험하여 아는 것이다. 히브리어 '야다(יָדַע, yada)'는 기본적으로 '알다', '깨닫다', '이해하다', 그리고 '찬양하다'의 의미를 갖는다. 머리로 아는 지식적인 앎이 아니라 어원인 야드(יד)의 뜻인 '손'으로 만지고 느끼는 체험적인 앎을 의미하기 때문이다. 거룩한 예배가 행해지는 예배당에서, 거룩한 예배자들 가운데서 함께 예배하는 시간들이 축적되어 습관이 될 때, 손으로

만져 알게 되는 체험적 신앙을 가진 예배자들로 성장할 수 있다.

> "나는 인애를 원하고 제사를 원하지 아니하며 번제보다 하나님을 아는 것을 원하노라"
>
> – *호세아 6:6*

예배의 횟수가 아니라, 선포된 말씀의 실천이 중요하다

한국교회 교회학교 교사들의 헌신적인 섬김에 대해서는 절대로 의심하지 않는다. 그리고 앞으로도 신앙교육을 위한 섬김은 계속 이어지기를 간절히 바란다. 단지 예배와 교육은 분리되어야 하며, 신앙교육의 자리는 책이 아니라 말씀의 실천을 위한 자리가 되어야 한다. 예배의 횟수가 중요한 것이 아니라 선포된 말씀의 실천이 중요하기에, 교회교육의 자리는 말씀을 어떻게 학교에서, 가정에서, 사회에서 실행할 것인지를 가르치고 실습하고 피드백하는 자리가 되어야 할 것이다. 오히려 세상에서 살아가는 성도의 길을 먼저 걷고 있는 선생(先生)님들이야말로 삶 자체가 훌륭한 신앙교재가 될 것임을 확신한다. 매주 모일 때마다 지난 주일 나눈 말씀을 어떻게 삶에서 실천했는지를 나누는데 기존의 예배와 공과로 나눠 쓰이던 시간을 통으로 다 쓰더라도 결코 많지 않은 시간이다.

세대통합예배는 모든 세대가 함께 드리고, 선포된 말씀을 공동체가 세대별로 어떻게 삶에서 실천할 것인지를 나누는 소그룹 시간이 꼭 있어야 한다. '교회학교'라는 명칭을 버리고, 이제는 말씀의 실천에 대해 의견을 나누고, 경험을 공유하는 정체성을 가진 신앙 교육부서의 새로운 명칭을 고민해야 할 때이다.

언젠가는 돌아올거라는 '미신'을 버려야 할 때

교회학교를 마치고 교회에 정착하지 못하는 젊은이들을 보며, 12년간을 즐겁게 해주고 사랑을 줬으니 언젠가는 다시 교회로 돌아오리라 믿었던 '신화'는 지난 수십 년 간의 통계와 연구를 통해 이미 '미신'이라고 밝혀졌다.

가장 중요한 시기인 성장기에 신앙을 형성시켜주지 못하고, 그 귀한 기회를 놓쳐버린 채 교회와 예배에 정착하지 못하고 떠난 뒤, 부모의 말도, 목회자의 권면도 듣지 않는 자녀들을 그저 기다리기만 하는 한국교회의 모습이 안타깝다.

더 늦기 전에 익숙하고 편한 방법을 버리고, 지금이라도 책을 펴고' 가르치는 지식 전수가 아니라, 거룩한 습관을 몸에 기억시키는 공동체 안에서의 신앙형성으로 교회교육의 방향을 바꿔야 한다. 더 늦기 전에 말이다.

MEMO

MEMO

MEMO